Ab 5 Jahren

Mila Müller

Mein 10-Minuten-Motorik-Training

Aufgabenkarten zur Förderung der Mototrik

Verschiedene Niveaustufen

Lernen mit Erfolg.
KOHL VERLAG
www.kohlverlag.de

Mein 10-Minuten-Motorik-Training

Aufgabenkarten zur Förderung der Motorik

1. Auflage 2017

Inhalt: Mila Müller
Coverbild: © contrastwerkstatt - fotolia.com
Grafik & Satz: Kohl-Verlag
Druck: farbo prepress GmbH, Köln

Bestell-Nr. 11 947

ISBN: 978-3-96040-089-9

Bildnachweise:

Seite 13, 16, 51, 55, 59 (Troll): © natasha_chetkova - stock.adobe.com; Seite 6 - 52 (Elfen): © topvectors - stock.adobe.com; Seite 5: © JenkoAtaman - stock.adobe.com; Seite 6: © GraphicsRF - stock.adobe.com; Seite 7: © santiago silver - stock.adobe.com; Seite 8: © Oleksandr Dibrova - stock.adobe.com; Seite 9: © Visions-AD - stock.adobe.com; Seite 10: © hkuchera - stock.adobe.com; Seite 11: © lilu330 - stock.adobe.com; Seite 12: © andrew - stock.adobe.com; Seite 13: © determined - stock.adobe.com; Seite 14: © Elena Schweitzer - stock.adobe.com; Seite 15: © Lilya - stock.adobe.com; Seite 16: © Elena Schweitzer - stock.adobe.com; Seite 17: © gallas - stock.adobe.com; Seite 18: © grandfailure - stock.adobe.com; Seite 52: © timboosch - stock.adobe.com; Seite 53: © topvectors - stock.adobe.com; Seite 54: © topvectors - stock.adobe.com; Seite 55: © GingerArt - stock.adobe.com; Seite 56: © topvectors - stock.adobe.com; Seite 57: © muchmania - stock.adobe.com; Seite 58: © GraphicsRF - stock.adobe.com; Seite 59: © topvectors - stock.adobe.com

Inhalt

MEIN 10-MINUTEN-MOTORIK-TRAINING
Aufgabenkarten zur Förderung der Motorik – Bestell-Nr. 11 947
KOHL VERLAG

Vorwort & methodisch-didaktische Hinweise

Sehr geehrte Kolleginnen und Kollegen,

wenn ich „meinen“ Kindern in der Grundschule das Zeichen für unsere Bewegungszeit gebe, blicke ich augenblicklich in hochmotivierte, erwartungsvolle Augen. Bewegung bedeutet eben viel mehr als einmal um das Schulgebäude flitzen. Tägliche kurze Bewegungszeiten, in denen die Motorik geschult und der Kopf und damit letztlich das Denken wieder frei werden, bringen uns im Schulalltag eine Menge an positiven Nebeneffekten und sind keinesfalls verlorene Zeit – ganz im Gegenteil!

Die im vorliegenden Buch vorgestellten motorischen Übungen, kombiniert mit kinesiologischen Bewegungsabläufen, sind allesamt praxiserprobt. Zu Anfang noch angeleitet, damit den Kindern die Bewegungen in der richtigen Weise vermittelt werden, gehen sie rasch in „Fleisch und Blut“ über und können bereits nach kürzester Zeit auch von Kindern der ersten Klassenstufe eigenverantwortlich durchgeführt werden. 10 Minuten täglich, die keineswegs als „Unterrichtszeitendieb“ angesehen werden dürfen, reichen völlig aus, um Kopf und Körper (wieder) zu aktivieren und frischer wie auch konzentrierter an nachfolgende Arbeitsphasen heranzugehen. Die kindgerechten Namen, verbunden mit den Zeichen ⦿ ! ★ prägen sich auch den kleinsten Lernern schnell ein, wobei die Symbole den Schwierigkeitsgrad angeben.

⦿ **grundlegendes Niveau**

! **mittleres Niveau**

★ **Expertenniveau**

Gerade nach Phasen kopflastigen Arbeitens, aber auch als Ritual vor den Hausaufgaben, hat sich der angebotene Übungskomplex seit Jahren bei uns etabliert.

10 Minuten täglich und unser Körper bedankt sich bereits nach kürzester Zeit mit mehr Vitalität, Geschmeidigkeit und unsere Kinder verfügen bereits nach kürzester Zeit über mehr Agilität, geistige Beweglichkeit und motorische Antriebskraft.

Abschließen möchte ich mit den Worten Maria Montessoris, die zu einem meiner Leitsätze seit Anbeginn meiner Arbeit geworden sind und perfekt zum vorliegenden Material passen:

Hilf mir, es selbst zu tun!

Denn genau dieser Effekt tritt nach einer kurzen, gemeinsamen Erarbeitungsphase ein, so dass Sie nur noch die entsprechende Trainingskarte als stummen Impuls hochhalten oder aber den Namen sagen müssen, und schon trainieren die vor Ihnen Stehenden los...

Und nun wünsche ich Ihnen, auch im Namen von Finja und den anderen Waldbewohnern, viel Freude mit dem vorliegenden Material!

Mila Müller

MEIN 10-MINUTEN-MOTORIK-TRAINING – Bestell-Nr. 11 947
Aufgabenkarten zur Förderung der Motorik
KOHL VERLAG

Lehrerinfo

Im ersten Teil der Geschichte lernen die Kinder die Fee Finja kennen. Auf dem Weg zu ihrer Großmutter trifft Finja auf unterschiedliche Tiere, die im Laufe der Geschichte zu ihren Freunden werden.

Im Übungsteil sind jeweils zunächst die Übungen zu finden, die Finja gemeinsam mit ihren Freunden im Wald trainiert hat. Im Anschluss daran folgen weitere, die sie sich im Laufe der Zeit auf ihren zahlreichen Erlebnistouren überlegt hat. Insgesamt sind alle hier vorgestellten Übungen in jahrelanger Praxis erprobt und ausgestaltet.

Im zweiten Teil der Geschichte feiert Finja Geburtstag. Gemeinsam mit ihren Freunden und Eltern begleiten die Kinder sie auf den Rummelplatz. Dort erleben die Waldbewohner wieder vielfältige motorische Übungen, die Finja sich natürlich besonders gut merken möchte, um sie später Oma Grinni zeigen zu können.

Wie bereits in der ersten Geschichte tauchen die Kinder in eine Geschichte ein, mit deren Hilfe sie auf ganz spielerische Weise für den Körper und die Psyche wichtige Übungen erleben und selbst ausprobieren dürfen. Die Übungen sind wie zuvor nach den Körperteilen benannt, die jeweils von besonderer Bedeutung sind. Dadurch können auch die Kinder sich die Namen und dazugehörigen Übungen besser merken und verknüpfen beides rasch miteinander. Uns als Lehrperson erleichtert es den Alltag, wenn wir bereits nach kurzer Zeit nur noch die Karte mit der „Übung des Tages" an die Tafel zu hängen brauchen und die Mädchen und Jungen sofort wissen, welche gemeint ist.

Die am Ende zu findenden Bilder der verschiedenen Protagonisten und Schauorte können einerseits beim Erzählen gezeigt werden, um ein Ereignisbild mitwachsen zu lassen. Andererseits können sie den Kindern zur farbigen Ausgestaltung an die Hand gegeben werden. Dadurch können sie am Ende einer Trainingseinheit zur Ruhe kommen, sich und ihre Gedanken nochmals sammeln und das Erlebte verarbeiten. Die Bilder können noch weiter ausgestaltet werden und regen dadurch auch die Fantasie an, eigene Ideen zu verwirklichen.

KOHL VERLAG Lernen mit Erfolg
MEIN 10-MINUTEN-MOTORIK-TRAINING
Aufgabenkarten zur Förderung der Motorik – Bestell-Nr. 11 947

1 Finjas Erlebnisreise

Finja, die kleine Fee

„So ihr Lieben, erholt euch gut. Wir sehen uns dann in 8 Wochen wieder“, sagte Herr Mattis, der Feenlehrer und entließ seine Schüler in die heißersehnten Sommerferien. Ein lautes Jubelgeschrei hallte über den Schulhof, als sich die Türen öffneten und viele große und kleine Feen und Elfen der wohlverdienten Freiheit entgegeneilten.

Die ersten Tage waren toll, doch dann, als plötzlich alle Freundinnen von Finja im Urlaub waren, fühlte sie sich alleine und langweilte sich sehr. Verstecken spielen alleine? Geht nicht. Fangen spielen? Unmöglich alleine. „Mama, mir ist soooo langweilig! Ninja ist in Sternhausen, Birte in Monddorf und Smilli in Sonnland. Mir ist so langweilig!“ „Was hältst du davon, Oma Grinni zu besuchen? Sie ist doch auch ganz alleine und zusammen könnt ihr Plätzchen backen, die Tiere versorgen, im Ga...“ Mama wollte noch mehr aufzählen, doch dazu kam sie schon gar nicht mehr. Finja hüpfte wie ein Gummiball auf und ab, grinste, lachte, jubelte und fiel ihrer Mutter schließlich um den Hals. „Mama, du bist die Beste, was für eine wunderwunderwundervolle Idee!“

Schnell packte sie ihre sieben Sachen in ein kleines Köfferchen, steckte noch den Reiseproviant, ein leckeres luftiges Wolkenbrötchen mit Sternchenmarmelade, ein und verabschiedete sich von ihren Eltern. Den Korb mit all den leckeren und nützlichen Dingen der Mutter, den diese ihr für Oma mitgab, trug sie besonders stolz. Enthielt er doch lauter Gutes aus Mutters wundervollen Wünschestube: den blauen Feenstaub, Rückenschmerzenadeplätzchen, Weitsichtgelee, Nähgarn, ein Scherensortiment. Den Weg kannte Finja schon auswendig, so oft war sie ihn gegangen, bisher jedoch noch nie ganz alleine. „Pass gut auf dich auf, halte dich an die Wege und lass dich nicht ansprechen! Ich kann dich auch eben begleiten...“, sagte der Vater. „Papa! Ich bin 7 Jahre alt“, sagte sie stolz und stellte sich kerzengerade hin. „Ich schaffe das und du hast doch eh so viel zu tun, ich kann alleine gehen. Tschüss!“ und schnell lief sie los, bevor die Eltern es sich doch noch anders überlegen sollten.

Mama rief indes bei Oma Grinni an, um sie über die kleine Besucherin zu informieren, dann widmete sie sich wieder ihrer Arbeit, kochte Marmelade und backte leckere luftige Törtchen.

Und so begann Finjas kleine große Reise zu ihrer Oma Grinni...

KOHL VERLAG
MEIN 10-MINUTEN-MOTORIK-TRAINING
Aufgabenkarten zur Förderung der Motorik – Bestell-Nr. 11 947

Sie war kaum aus Sichtweite der Eltern, als sie einen Troll traf, der lustige Verrenkungen machte. „Was machst du da? Kann ich dir vielleicht helfen?“, fragte sie zaghaft. Vorsichtig stellte sie ihr Gepäck ab. „Helfen? Wieso helfen? Das ist meine Morgengymnastik, die absolviere ich jeden Morgen, um beweglich und fit zu bleiben! Pass mal auf!“, sprach der Troll und zeigte ihr die Übung nochmals ganz genau.

Tobi legte sich auf den Rücken, stellte die Hinterbeine an und legte die Vorderpfoten auf seine Brust.

Dann hob er den Kopf ein Stück an und beugte ihn nach vorne, bis er durch seine Hinterbeine schauen konnte. „Eins, zwei, drei“, sprach er dabei.

Als er es einige Male gezeigt hatte, drehte er sich zu Finja hin und sagte:

„Ich heiße übrigens Tobi. Tobi der Troll.“ „Ich bin Finja, hallo. Das sieht wirklich sehr gesund aus, meinst du, ich kann das auch lernen? Denn ich bin gerade auf dem Weg zu meiner Oma und dann könnte ich auch ihr die Übung zeigen...also nur, wenn es wirklich in Ordnung für dich ist.“ „Natürlich, es kommen oft andere Waldbewohner zu mir und trainieren mit, also pass gut auf. Wir führen die Übung nun nochmals gemeinsam aus, du schaffst das schon!“

Und so führten die beiden neuen Freunde die Übung nochmals gemeinsam aus. „Fünf Mal. Das soll reichen für den Anfang, sonst bekommst du nachher noch Muskelkater. Lieber jeden Tag ein wenig, als einen Tag zu viel und sich dann nicht mehr bewegen können, denke immer daran!“, riet Tobi ihr.

Fröhlich verabschiedete sich Finja und setzte ihren Weg fort.

1.1 Trainingsabschnitt 1

Auf einer wunderschönen, saftigen Wiese pflückte sie einen kleinen Blumenstrauß für Oma Grinni. Plötzlich entdeckte sie einen kunterbunten, in allen Farben schimmernden Schmetterling. Er saß auf einer großen Butterblume und wedelte mit den Flügeln, so sah es jedenfalls aus. Finja musste lachen. „Hey, das sieht ja ulkig aus, was machst du da?“ „Ulkig?“, erwiderte der Schmetterling beleidigt, „ulkig? Ich mache gerade meine wichtigen Turnübungen, das ist nicht ulkig. Das ist sehr gesund und macht mich fit!“ Eifrig turnte er weiter. „Ich bin Finja und bitte verzeih mein Verhalten.“ „Ich bin Sille und Verzeihung angenommen. Willst du nicht mitmachen? Es ist gut für den ganzen Körper, gerade wo du doch so viel tragen musst.“ „Oh, liebend gerne, vielen Dank, liebe Sille.“

Finja legte sich neben den Schmetterling auf die wundervoll weiche Wiese. Dann streckte sie alle Viere von sich und schloss die Augen. Sie spreizte die Finger soweit es ging auseinander, wie Sille es ihr sagte. Dabei drückte sie die Hände auf den Boden. „Nun sind die Füße dran“, sagte Sille.

Voller Eifer spreizte Finja die Zehen soweit es ging auseinander.

„Puh, ist das anstrengend!“, stöhnte sie. „Ja, zu Anfang schon, aber wenn du jeden Tag ein wenig trainierst, fällt es dir immer einfacher. Pass mal auf, das ist wie Zauberei! Außerdem wirst du immer kräftiger und fühlst dich wohler dabei, das ist doch spitze, oder?“ „Und ob, vielen, vielen lieben Dank“, erwiderte Finja.

„Oh, es geht noch weiter!“, grinste Sille. „Nun streck deine Hände und Füße in die Luft und fauste sie dabei, das schaffst du sicher, oder?“ Und schwupp zeigte Sille Finja, wie sie es meinte. Finja gab sich große Mühe, kam jedoch ziemlich ins Schwitzen. „Ja, super machst du das“, feuerte Sille ihre neue Freundin an.

Und so turnten die beiden Freundinnen noch einige Zeit eifrig auf der Blumenwiese.

„Jetzt muss ich aber weiter, ich bin gerade auf dem Weg zu meiner Oma Grinni. Aber ich werde ihr die Übung auch beibringen, wenn es für dich okay ist.“ „Gerne und grüß sie lieb von mir, ich habe schon einige Male bei ihr im Garten auf den wunderschönen Blumen sitzen dürfen und ihrem Harfenspiel zugehört.“

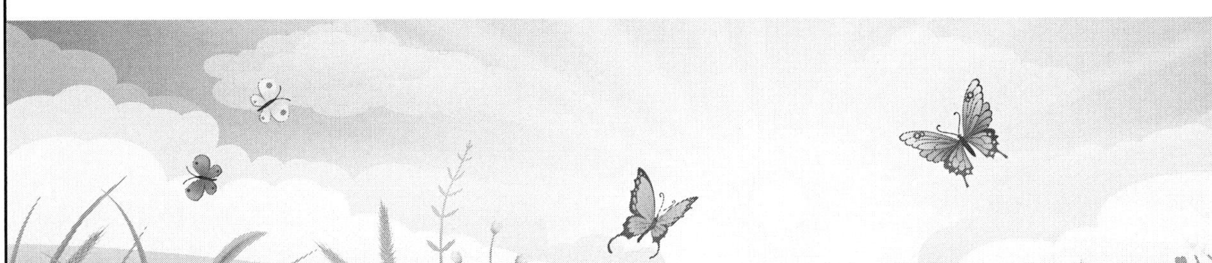

1.1 Trainingsabschnitt 1

Finja lief erschöpft, aber voller Tatendrang weiter. An einem kleinen Bachlauf entdeckte sie ein kleines Häschen. Es lag auf dem Bauch, die Hinterbeine hatte es angewinkelt und sie berührten sich in der Luft. Die kleinen Füßchen rieben kräftig gegeneinander. Als das Häschen Finja bemerkte, stützte es seinen Oberkörper mit seinen Unterarmen hoch. „Was machst du denn da? Kann ich dir helfen? Kommst du nicht hoch?“, fragte Finja freundlich. „Na so was. So sieht es aus? Nein, ich mache Musik mit meinen Hinterbeinen und ich stütze mich hoch, damit ich dich besser sehen kann“, erwiderte es. Zufrieden mit sich und der Welt machte es weiter. **Finja schaute interessiert zu. Dann machte sie die Bewegungen nach, so gut sie konnte. Sie legte sich auf den Bauch und winkelte ihre Beine an. Danach stützte sie ihren Oberkörper mit den Unterarmen hoch. Zu guter Letzt rieb sie ihre Füße aneinander, um auch Musik zu machen.**

„Das machst du sehr gut, übe nur jeden Tag etwas, dann fällt es dir immer leichter, du wirst schon sehen“, riet ihr das Häschen. „Solche Übungen helfen dir, dich in deinem Körper wohler zu fühlen, ihn gesund zu behalten, ist das nicht toll?“ „Oh ja, und auch deine Übung werde ich mir gut merken und meiner Oma zeigen, damit sie ebenso gesund bleibt und zufrieden ist wie du und all die anderen Tiere im Wald.“

Fröhlich hopsend setzte Finja ihren Weg fort, ging in Gedanken immer wieder die neuen Übungen durch und freute sich sehr auf Oma Grinni.

KOHL VERLAG
MEIN 10-MINUTEN-MOTORIK-TRAINING
Aufgabenkarten zur Förderung der Motorik – Bestell-Nr. 11 947

1.1 Trainingsabschnitt 1

Plötzlich traf sie einen Wolf und erschrak sehr. Sie versteckte sich rasch hinter einem Baum und hoffte, dass er sie noch nicht bemerkt hatte.

Der Wolf legte sich zu einer Kugel zusammen, beugte den Kopf ganz weit nach unten und umfasste mit den Vorderbeinen die Hinterbeine, es sah wirklich merkwürdig aus. Finja musste lachen und der Wolf erschrak und schaute sie grimmig an. „Was machst du da? Beobachtest du mich? Machst du dich über mich lustig?“, fragte er. „Verzeih bitte, aber es sieht doch etwas ulkig aus, was du da tust. Wofür soll das gut sein?“, fragte Finja mutig. „Ich hatte früher oft Rückenschmerzen, seit ich jeden Tag diese Übungen mache, geht es mir besser“, erklärte er. Ich heiße übrigens Ole, Ole der Wolf.“ „Oh, ich bin Finja, hallo. Darf ich etwas mitturnen? Ich sammle gerade lauter Turnübungen, die ich dann meiner Oma zeigen kann. Sie kann auch deine bestimmt gut gebrauchen.“ „Gerne, nur zu“, erwiderte Ole freundlich. Finja legte sich auf den Rücken und umschloss mit ihren Armen die Beine. Dann beugte sie den Kopf soweit es ging nach vorne auf die Brust. „Eins, zwei, drei, vier, fünf und lockern und auf den Bauch drehen. Bauch in die Erde drücken, Stirn auf den Boden und ruhig weiter atmen. Dann das Ganze wieder von vorne“, gab ihr Ole die Anweisung. Finja turnte und turnte und merkte sich jede Kleinigkeit, so gut es ging.

Dann verabschiedete sie sich von Ole und machte sich weiter auf ihren Weg.

Nach langem Laufen kam sie endlich bei Oma Grinni an.

Abends telefonierte Finja mit ihrer Mutter und erzählte ihr, was sie auf dem langen Weg alles erlebt hatte. „Ach Mami, es war so toll. Als allererstes traf ich Tobi den Troll, dann Sille den Schmetterling, als drittes ein kleines Häschen und zum Schluss Ole den Wolf. Sie alle haben mir ganz tolle Übungen gezeigt, um gesund und munter zu bleiben. Ich werde sie auch Oma zeigen und weißt du was, wenn ich wieder bei euch bin, turnen auch wir das gemeinsam, ja?“

1.2 Trainingsabschnitt 2

Nach einer Woche voller toller Ausflüge, Plätzchen backen und vielen guten Gesprächen ging Finja wieder los, um nach Hause zu laufen.

Da sah sie plötzlich Tobi, den Troll, der mit geschlossenen Augen auf dem Rücken lag und sehr entspannt ausschaute.

Sie beobachtete ihn eine Weile und merkte, dass er wieder trainierte, nur irgendwie anders als beim letzten Mal. „Hallo Finja, komm ruhig näher. Ich habe dich schon längst gerochen und freue mich, dich zu sehen. Trainiere ruhig eine Weile mit mir zusammen." „Gerne, vielen Dank, aber es schaut anders aus als beim letzten Mal." „Das stimmt, ich habe mir eine neue Reihenfolge ausgedacht und die Übungen etwas angepasst, schließlich wird der Körper ja durch das Trainieren immer fitter, pass mal auf." Und Tobi trainierte los, Finja legte sich dazu und turnte mit. **Sie breitete die Arme und Beine wieder aus, spreizte die Finger und Zehen wie beim ersten Mal. „Genau, sehr gut machst du das. Jetzt lass die Zehen und Finger auf der rechten Seite ganz locker und spanne nur die Zehen und Finger der linken Seite an!", forderte Tobi sie auf. Sie spannte also nur die Zehen und Finger auf einer Seite an, die andere Seite ließ sie völlig locker. „Und jetzt wechsle. Spanne nun die Finger und Zehen der rechten Seite an und lass die linke Seite völlig locker." „Puh, das ist aber anstrengend. Da muss ich mich ja richtig konzentrieren, aber Spaß macht es, schön." „Und es trainiert deinen Körper und auch den Kopf, denke daran", schmunzelte Tobi zufrieden. „Weiter geht's! Nun strecke deinen rechten Arm und das rechte Bein in die Luft und fauste gleichzeitig die Hand und den Fuß, aber nur von der rechten Seite. Das Bein und den Arm der linken Seite lässt du völlig locker liegen. Eins, zwei, drei, vier, fünf. Super und wechseln. Nun streckst du den linken Arm und das linke Bein in die Luft, faustest beide und lässt die rechte Seite völlig locker. Eins, zwei, drei, vier, fünf, spitze, Finja!"**

„Jetzt geht's für mich aber weiter, lieber Tobi. Wir sehen uns bestimmt mal wieder, bis dann." Und damit ging Finja weiter ihrem Heim entgegen.

KOHL VERLAG MEIN 10-MINUTEN-MOTORIK-TRAINING Aufgabenkarten zur Förderung der Motorik – Bestell-Nr. 11 947

1.2 Trainingsabschnitt 2

Plötzlich sah sie eine kleine Maus, die sie interessiert anschaute. „Hallo, du siehst ja nett aus. Ich bin Lore, Lore die Maus. Soll ich dir mal meinen Mäusetanz zeigen?" „Hallo Lore, ich bin Finja. Du kannst tanzen? Ich liebe tanzen, gerne!"

Lore legte sich sofort auf den Bauch und stützte sich mit ihren Vorderbeinen ab. So konnte sie nicht umkippen. Dann zog sie langsam ihr rechtes Hinterbein über die Seite nach vorne, ließ es dort einen Moment und streckte das Bein dann wieder nach hinten aus. „Na, wie war ich?", fragte sie stolz. „Super, Lore. Das möchte ich auch gleich mal ausprobieren. Dann können wir gemeinsam Mäuseballett tanzen!"

Schnell legte sich Finja auch auf den Bauch. Mit den Armen stützte sie sich seitlich ab. Die Beine streckte sie lang nach hinten aus. „Jetzt musst du dein rechtes Bein ganz langsam beugen und über die Seite nach vorne ziehen. Wichtig ist, dass du deinen restlichen Körper dabei nicht weiter bewegst, also wirklich nur das Bein", erklärt Lore ihr. „Puh, das ist ja gar nicht so leicht, wie ich dachte."

„Nun streckst du das rechte Bein wieder ganz langsam nach hinten aus. Super. Jetzt kommt die andere Seite dran. Denke daran, den restlichen Körper dabei nicht zu bewegen. Also linkes Bein langsam beugen, über die Seite nach vorne ziehen, halten. Dabei ruhig und gleichmäßig weiteratmen. Dann das Bein wieder langsam nach hinten ausstrecken."

Die beiden Freundinnen tanzten eine ganze Weile zusammen und mit der Zeit wurden die Bewegungen immer fließender. Nachdem sie jede Seite drei Mal trainiert hatten, hörten sie glücklich auf. „Das war schön, richtig schön. Hab vielen, vielen Dank dafür, liebe Lore. Nun geht es für mich aber geschwind weiter, denn ich bin auf dem Heimweg und meine Eltern warten schon gespannt auf mich. Alles Gute und bis bald."

KOHL VERLAG MEIN 10-MINUTEN-MOTORIK-TRAINING Aufgabenkarten zur Förderung der Motorik – Bestell-Nr. 11 947

1.2 Trainingsabschnitt 2

Als Finja auf eine Waldlichtung kam, traf sie Anna, das kleine Häschen wieder. Sie war gerade dabei, mit ihren Füßen Musik zu machen, indem sie sie aneinander rieb. „Schlie-schlang ... , schlie-schlang ... , schlie-schlang ...“ „Hallo Finja, wie schön, dich wieder zu sehen“, rief sie schon aus der Ferne zu. „Hallo Anna. Ja, ich freue mich auch, dich zu sehen. Sollen wir wieder gemeinsam musizieren?“ „Eine tolle Idee, Finja. Und dieses Mal bringe ich dir sogar noch mehr Bewegungen bei als beim letzten Mal. Lass dich überraschen“, schmunzelte Anna. „Es kann losgehen.“

Zuerst reiben wir wieder die Füße aneinander. Also auf den Bauch legen, auf die Arme abstützen, Beine anwinkeln und die Füße reiben. Super machst du das. Und nun nehmen wir noch die Hände dazu. Stütze dich dazu mit den Ellenbogen hoch, klatsche und reibe deine Hände. Genau, so machst du das richtig und immer weiter“, jubelte Anna. Finja kam ganz schön ins Schwitzen, hatte aber sehr viel Spaß.

Nach dem gemeinsamen Konzert waren beide glücklich und stolz auf ihre erbrachte Leistung. „Das war schön, aber jetzt gehe ich weiter, damit ich zum Abendessen pünktlich zu Hause bin. Tschüss!“ „Alles Gute Finja und bis hoffentlich ganz bald!“, rief Anna ihr noch hinterher.

1.2 Trainingsabschnitt 2

Finja war gerade um die nächste Kurve gegangen, als sie Ole den Wolf wiedertraf. „Hallo Finja, bist du auf dem Heimweg? Darf ich dir noch meine neuen Übungen zeigen? Sie sind wirklich toll." „Ja, Ole, ich komme gerade von Omi. Und klar, ich schaue mir deine Übungen gerne an, nur zu!", antwortete Finja ihrem neuen Freund. Ole drehte sich geschwind auf seinen Rücken und griff mit seinen Vorderpfoten bis zu seinen Hinterpfoten. „Super Ole, du bist aber gelenkig geworden", staunte Finja. „Das möchte ich auch probieren."

Und schon legte Finja sich auf ihren Rücken, streckte ihre Beine in die Luft und griff mit beiden Händen um ihre Füße. „Toll Finja, das klappt sehr gut", lobte Ole sie. „Jetzt nimm noch deinen Kopf nach vorne, soweit es geht. Versuche, dass dein Kinn deinen Brustkorb berührt. Halte diese Stellung etwas und versuche dann, mit deinen Händen die Beine noch näher in Richtung Kopf zu ziehen, bis deine Nasenspitze an deine Knie reicht, schaffst du das?" „Oh Ole, ist das anstrengend, ich denke, da muss ich erst mal noch etwas trainieren, bis ich es so weit schaffe", erwidert Finja. „Aber es wird mir gelingen, pass mal auf, das nächste Mal, wenn wir uns treffen, klappt es sicher schon besser", sagte Finja. „Jetzt muss ich mich erst einmal wieder gerade machen." Sie legte sich auf den Bauch, strecke alle Viere von sich. Ihre Stirn berührte den Boden. Dabei atmete sie tief ein und aus. Dann drückte sie für einen Moment ihren Bauch in den Boden und atmete wieder tief ein und aus. Als sie auch das getan hatte, drückte sie ihren Bauch, ihre Unterarme und die Hände in den Boden. Ihr Blick blieb dabei weiterhin auf den Boden gerichtet. Währenddessen ließ sie sich all die tollen Begegnungen mit den lieben alten und neuen Freunden durch den Kopf gehen.

Als Finja zu Hause ankam, war die Wiedersehensfreude groß. Beim gemeinsamen Abendessen erzählte sie ihrer Mutter und ihrem Vater alles ganz genau. „...auf meinem Rückweg habe ich wieder eine Menge gelernt." Rasch ging sie in Gedanken nochmals alles durch, dann startete sie: „Zuerst traf ich den Troll Tobi wieder, dann eine Maus namens Lore, Anna das Häschen hoppelte auch vorbei und zum Schluss kam noch Ole der Wolf. Ich habe nun lauter guter Freunde im Wald, das ist so ein schönes Gefühl, denn sie alle sind so lieb und immer für mich da..." Sie sprachen noch lange über Finjas aufregende Reise, dann war die kleine Fee so müde, dass ihr Vater sie in ihr Bett trug. Dort schlief sie augenblicklich ein...

KOHL VERLAG
MEIN 10-MINUTEN-MOTORIK-TRAINING
Aufgabenkarten zur Förderung der Motorik – Bestell-Nr. 11 947

1.3 Trainingsabschnitt 3

Eine Woche später, in der Finja zu Hause immer wieder ihre zuvor kennen gelernten Übungen trainiert hatte, ging sie wieder einmal in den Wald, um ihre neuen Freunde zu besuchen.

„Hallo, Tobi, wo bist du?", rief sie immer wieder. „Trollchen, komm raus und zeige dich!" „Kuckuck, Finja, hier bin ich. Was gibt es?" „Hallo, Tobi, ich habe tüchtig trainiert und kann es nun richtig gut", antwortete Finja stolz. „Das freut mich sehr, schließlich weißt du, wie gesund es für deinen Körper ist. Ich habe auch eifrig weitertrainiert und einige neue Übungen dazu genommen. Soll ich sie dir zeigen?" „Nichts lieber als das, lieber Tobi. Das kannst du dir sicher denken, auf geht's!" rief Finja begeistert.

„Also gut. Leg dich wieder wie beim letzten Mal auf den Rücken, stelle die Beine an, lege die Hände auf deine Brust und hebe den Kopf ein Stück nach oben. Dann sage ‚Eins- zwei- drei'. Sehr gut, Finja. Jetzt geht es weiter. Bleibe auf dem Rücken liegen. Strecke die Beine lang aus und lege die Arme wieder auf deinem Bauch ab. Spüre nun nach, wie du beim Einatmen tief Luft in den Bauch bekommst, er sich also nach oben wölbt. Klasse machst du das. Nimm jetzt den Kopf nach vorne und sage ‚Kuckuck', merkst du, wie gut sich das anhört?" „Puh, Tobi, ja, und es ist mal wieder anstrengend", keuchte Finja. „Aber ich denke, ich kann es besser, darum probiere ich es nochmals", sagte sie weiter und führte die Übung noch einige Male aus. „Also mit aufgestellten Beinen ist es wirklich einfacher, Tobi, aber nun sind wir ja besser, darum auch neue Übungen, richtig?" „Genau, kleine Freundin, du hast es verstanden", sagte Tobi fröhlich zu ihr. „Am Anfang fandest du die andere Übung schwer. Nun fällt sie dir leicht und diese ist zunächst schwer. Aber auch das wird sich ändern, wenn du fleißig jeden Tag etwas trainierst, das weißt du doch", erklärte Tobi ihr lächelnd.

Und so hatte Finja wieder eine gesunde, neue Trainingsart kennen gelernt, die sie sich gut merken würde, um sie später Oma Grinni aber auch ihren Eltern vorführen zu können. Rasch verabschiedete sie sich von Tobi, schließlich wollte sie auch ihre anderen Freunde noch besuchen.

KOHL VERLAG
MEIN 10-MINUTEN-MOTORIK-TRAINING
Aufgabenkarten zur Förderung der Motorik – Bestell-Nr. 11 947

1.3 Trainingsabschnitt 3

Beim Weiterlaufen durch den Wald kam sie wieder an den wundervoll klaren, kleinen Bach. Dort entdeckte sie auch wieder das kleine Mäuschen, das sich in der Sonne ausruhte. „Hallo, Lore, wie schön, dass ich dich treffe." „Hallo, Finja, das finde ich auch. Wenn du magst, zeige ich dir ein paar neue Figuren aus meinem Ballett. Pass mal auf."

„Beim letzten Mal hast du dich auf den Bauch gelegt, auf den Unterarmen abgestützt und langsam ein Bein über die Seite nach vorne gezogen. Du erinnerst dich sicher." „Na klar, das weiß ich noch genau und habe es auch weiter geübt", erwiderte Finja.

„Super, pass auf, es geht los. **Leg dich auf den Bauch, stütze dich mit den Unterarmen ein wenig hoch. Spreize die Finger soweit es geht auseinander. Hole dann dein rechtes Bein ganz langsam über die Seite nach vorne, sodass das Bein angewinkelt ist. Nun nimmst du den linken Arm und streckst ihn ganz langsam nach vorne aus, so dass die Hand über den Boden gleitet.**

Achte dabei auf deinen Oberkörper, spanne ihn an. Versuche deinen Kopf als Verlängerung deines Rückens zu halten, dein Blick zeigt dabei ruhig nach unten auf den Boden. Atme gleichmäßig ein und aus. Sehr gut machst du das", lobte Lore. „Achte gut darauf, dass der restliche Körper sich so wenig wie möglich mitbewegt, mache ihn so steif wie ein Brett!", riet Lore ihr. „Puh ist das anstrengend", stöhnte Finja. „Aber das werde ich fleißig weiter üben. Und nun die andere Seite." „Genau, Finja, das ist die richtige Einstellung. Also, auf zur anderen Seite. Wir beginnen mit dem linken Bein, holen es über die Seite nach vorne. Dann nehmen wir den rechten Arm langsam nach vorne, bis er völlig gestreckt ist. Eins, zwei, drei, vier, fünf, halten, weiteratmen. Arm wieder langsam zurückholen und das Bein wieder ausstrecken." Da kam Lore noch eine Idee: „Weißt du was, Finja? Nun bewegen wir unseren Arm und das Bein gleichzeitig. Pass mal auf. Leg dich in die Ausgangsposition, winkel das rechte Bein an und strecke gleichzeitig den linken Arm nach vorne. Halte den Blick auf den Boden gerichtet und spanne den Oberkörper an. Atme gleichmäßig weiter. Eins, zwei, drei, vier, fünf, halten und die andere Seite." Die beiden Freundinnen turnten einige Zeit konzentriert gemeinsam und legten sich dann zum Entspannen ganz flach auf den Bauch, streckten alle Viere von sich. Den Kopf legten sie dabei mit der Stirn auf den Boden und atmeten tief ein und aus. Nach dieser Verschnaufpause verabschiedete sich Finja und ging weiter.

KOHL VERLAG
MEIN 10-MINUTEN-MOTORIK-TRAINING
Aufgabenkarten zur Förderung der Motorik – Bestell-Nr. 11 947

1.3 Trainingsabschnitt 3

Da traf sie Ole, den Wolf, wieder. „Hallo, Finja, was für eine Überraschung! Ich kann meine Übung nun noch besser und habe sogar noch etwas Neues dazu genommen, magst du es sehen?“ „Gerne Ole, nur zu, dann mache ich auch so gut es geht mit“, antwortete Finja. „Gut, es geht los.

Leg dich auf den Rücken, strecke deine Beine in die Luft und greife mit deinen Händen deine Füße. Nun nimmst du noch deinen Kopf soweit es geht nach vorne, lass die Stirn die Beine berühren, sehr gut. Nun versuche, ins Schaukeln zu kommen. Mache dazu deine Beine etwas länger, strecke sie von dir weg, dann ziehst du deinen Oberkörper nach oben in die Luft, vom Boden weg. Jetzt wieder die Beine locker lassen, dann strecken, locker lassen, merkst du, wie du ins Schaukeln kommst?“ „Das klappt prima und ist lustig!“, erwiderte Finja lachend. „Achte darauf, deinen Kopf immer gut nach vorne zu beugen, genau, klasse. Jetzt pausieren wir. Lege dich dazu auf den Rücken, ganz flach und strecke alle Viere von dir, schließe die Augen und atme entspannt ein und aus. Spüre, wie deine Schultern den Boden berühren, die Schulterblätter auf den Boden drücken, das rechte und auch das linke. Dann gehe in Gedanken den Rücken langsam weiter runter, bis du am Po ankommst. Spüre, wie dein Po den Boden berührt, beide Pobacken, die rechte und die linke. Nun wandere in Gedanken weiter zu deinen Beinen, spüre deine Oberschenkel, wie sie schwer auf dem Boden liegen, die Waden ebenfalls und schließlich deine Fersen und die Füße. Nun wandere in deinen Gedanken wieder nach oben, spüre deine Schultern, den Kopf, dann gehst du in Gedanken deinen rechten Arm entlang bis zu deinem Ellenbogen, zum Unterarm, zur rechten Hand. Dort geht es weiter bis in den Daumen, den Zeigefinger, Mittelfinger, Ringfinger und in den kleinen Finger. Nun wandere zu deinem linken Oberarm, spüre wie er auf dem Boden liegt, gehe weiter bis zum Ellenbogen, bis zum Unterarm, bis in die linke Hand und auch dort in den Daumen, den linken Zeigefinger, den Mittelfinger, den Ringfinger und schließlich in den kleinen Finger.“

Als Finja schon fast eingeschlafen war, räkelte sie sich genüsslich und stand langsam auf. „Das war so schön, so schön, lieber Ole, aber nun gehe ich doch weiter, schließlich möchte ich noch viele andere meiner neuen Freunde treffen. Bis bald.“

MEIN 10-MINUTEN-MOTORIK-TRAINING
Aufgabenkarten zur Förderung der Motorik – Bestell-Nr. 11 947
KOHL VERLAG

Trainingsabschnitt 3

Plötzlich tauchte Anna, das kleine Häschen, neben ihr auf. „Kuckuck, Finja, oh ich freue mich so, dich zu sehen. Stell dir vor, ich habe viele neue Dinge gelernt. Hast du Zeit? Dann zeige ich dir alles und du kannst es auch lernen." „Ja, gerne, Anna", antwortete Finja fröhlich.

Anna legte sich auf den Bauch, stützte ihren Oberkörper etwas hoch, sodass ihre Unterarme und Ellenbogen noch am Boden blieben. Die Beine spreizte sie ein wenig auseinander und winkelte sie dann an, sodass ihre Füße über ihrem Po zusammenkamen. Nun rieb sie die Füße aneinander und klatschte in die Hände. „Das ist ja lustig, Anna. Super!", jubelte Finja glücklich. „Lass uns das Ganze mal genauer machen. Wir reiben zweimal die Füße, dann kommen zwei Klatscher in die Hände und dann patschen wir zweimal mit den Händen auf den Boden, los geht's." Die beiden Freundinnen musizierten eine ganze Weile, doch dann waren sie müde. Sie legten den Oberkörper und den Kopf auf den Boden ab, streckten die Beine aus, die Arme, die Hände, wobei die Handinnenflächen den Boden berührten. Dann schlossen sie die Augen und atmeten ruhig ein und aus.

In Gedanken ging Finja dabei den Tag nochmals durch. „Zuerst traf ich Tobi, der immer noch so lustige Laute von sich gibt. Dann kam Lore, das Mäuschen, mit ihrem Ballett. Als nächstes begegnete mir Ole der Wolf, der nun so lustig schaukeln kann und jetzt zum Schluss das wundervolle Konzert mit Anna, meiner kleinen Hasenfreundin. Das war alles so schön", mit einem Lächeln träumte sie noch etwas vor sich hin. Dann stand Finja auf. „Anna, das war wundervoll, aber ich werde nun weitergehen, schließlich ist es schon spät und meine Eltern warten sicher schon, tschüss." „Alles Gute, Finja und bis bald."

KOHL VERLAG MEIN 10-MINUTEN-MOTORIK-TRAINING Aufgabenkarten zur Förderung der Motorik – Bestell-Nr. 11 947

1.4 Übungen zu „Finjas Erlebnisreise“

1.4.1 Trainingsabschnitt ◉

Name: Beingucker ◉

So geht's:

Lege dich auf den Rücken.

Winkle die Beine an und lege deine Hände auf deine Brust.

Hebe deinen Kopf ein wenig vom Boden hoch nach vorne, schaue durch die Beine und sage „Eins - Zwei - Drei“.

Lege dich dann wieder gerade ausgestreckt auf deinen Rücken.

Führe diese Übung 5-mal durch.

Name: Krähe ◉

So geht's:

Lege dich auf den Rücken. Strecke die Beine und Arme von dir weg. Schließe die Augen.

Spreize deine Finger soweit es geht auseinander. Drücke dabei die Hände auf den Boden.

Strecke dich nun wieder auf dem Boden aus.

Nun hebst du deine Beine und Arme in die Luft und faustest sie.

Strecke dich wieder auf dem Boden aus.

Führe diese Übung 5-mal durch.

Name: Warmmacher ◉

So geht's:

Lege dich auf deinen Bauch. Winkle die Beine an, stütze den Oberkörper auf deinen Unterarmen ab. Winkle die Beine an und reibe deine Füße in der Luft.

Strecke dich dann wieder aus.

Führe diese Übung 5-mal durch.

1.4 Übungen zu „Finjas Erlebnisreise“

1.4.1 Trainingsabschnitt

Name: Beinfasser

So geht's:

Lege dich auf deinen Rücken. Hebe den Kopf und deinen Oberkörper etwas an.

Winkle die Beine an und umfasse sie mit deinen Händen. Nun versuche mit deinem Kopf so weit nach vorne zu kommen, bis du mit deiner Stirn die Knie berührst. Du schaust nun aus wie eine Kugel.

Strecke dich jetzt wieder gerade in Rückenlage aus.

Wiederhole diese Übung 5-mal.

Name: Greifer

So geht's:

Lege dich auf den Bauch, die Arme sind seitlich am Körper.

Hebe deinen Oberkörper ein wenig hoch.

Strecke einen Arm nach vorne, halte ihn dabei ganz gerade.

Greife mit der Hand 5-mal in die Luft, atme dabei gleichmäßig weiter.

Halte die Stellung einen Moment und führe den Arm wieder seitlich an den Körper.

Seitenwechsel, also die gleiche Übung mit dem anderen Arm.

Name: Winkler

So geht's:

Lege dich auf den Rücken.

Winkle dein rechtes Bein an, ziehe dazu die Ferse über den Boden bis an deinen Po.

Strecke dein Bein wieder aus. Winkle es wieder an und strecke es wieder aus.

Diese Übung machst du insgesamt 5-mal hintereinander.

Nun wechselst du die Seite und führst die gleiche Übung mit dem linken Bein durch.

1.4 Übungen zu „Finjas Erlebnisreise“

1.4.1 Trainingsabschnitt ◉

Name: Storch ◉

So geht’s:

Stelle dich gerade hin. Winkle ein Bein an und zähle dabei bis 5. Halten. Dann absetzen.

Winkle wieder das Bein an und zähle bis 5. Halte es und setze es dann wieder ab. Atme bei der gesamten Übung gleichmäßig weiter.

Nun darfst du die Seite wechseln, also das andere Bein anwinkeln, bis 5 zählen, halten und wieder absetzen.

Auch auf dieser Seite führst du die Übung 5-mal durch.

Name: Dehner ◉

So geht’s:

Stelle dich gerade hin.

Strecke deinen rechten Arm gerade nach oben, halte die Stellung und zähle bis 5.

Hebe nun das rechte Bein, winkle es an, halte die Stellung und zähle bis 5.

Führe nun erst den Arm wieder nach unten und dann das Bein.

Seitenwechsel.

Name: Schieber ◉

So geht’s:

Stelle dich gerade hin. Deine Arme hängen locker an der Seite herunter.

Hebe den rechten Arm vorne um deinen Hals, führe die Hand bis hinten auf deine Wirbelsäule und lege sie auf. Die linke Hand greift an den rechten Ellenbogen und versucht, den Arm noch weiter nach hinten zu schieben.

Eins, zwei, drei, vier, fünf. Wechsel. Führe nun die Übung auf der anderen Seite durch.

Wiederhole jede Seite 3-mal.

MEIN 10-MINUTEN-MOTORIK-TRAINING
Aufgabenkarten zur Förderung der Motorik – Bestell-Nr. 11 947
KOHL VERLAG

1.4 Übungen zu „Finjas Erlebnisreise“

1.4.1 Trainingsabschnitt ◉

Name: Knie ◉

So geht’s:

Setze dich gerade auf einen Stuhl.

Berühre mit der rechten Hand dein linkes Knie. Zurück.

Berühre nun mit der linken Hand dein rechtes Knie. Zurück.

Führe die Übung insgesamt 5-mal durch.

Name: Ruck ◉

So geht’s:

Lege dich auf den Rücken.

Lege deine rechte Faust auf die Brust. Lege deine linke flache Hand auf den Bauch.

Bei „ruck“ wechseln die Hände, also linke Faust auf die Brust und rechte flache Hand auf den Bauch.

Name: Kreiser ◉

So geht’s:

Stelle dich gerade hin. Kreise den rechten Arm vorwärts. Zähle bis 5.

Lasse ihn wieder an deinem Körper runter hängen.

Kreise nun den linken Arm vorwärts. Zähle bis 5.

Wiederhole diese Übung 5-mal.

Name: Liegende Acht ◉

So geht’s:

Setze dich gerade hin. Male mit deiner Hand eine auf der Seite liegende Acht auf den Tisch.

Schaue die ganze Zeit über auf deine Hand, verfolge deren Bewegungen mit den Augen, der Kopf bleibt völlig still.

Schaffst du es auch, mit der anderen Hand eine liegende Acht zu malen?

MEIN 10-MINUTEN-MOTORIK-TRAINING – Bestell-Nr. 11 947
Aufgabenkarten zur Förderung der Motorik
KOHL VERLAG

1.4 Übungen zu „Finjas Erlebnisreise“

1.4.1 Trainingsabschnitt

Name: Hampelmann

<u>So geht’s</u>:

Stelle dich gerade hin, die Arme sind am Körper, die Beine geschlossen.

Springe nun hoch, grätsche dabei die Beine. Boxe bei jedem Sprung wie ein Boxer in die Luft, also Sprung, rechte Hand boxt, Sprung, linke Hand boxt.

Wiederhole diese Übung 8-mal.

Name: Eidechse

<u>So geht’s</u>:

Lege dich auf den Bauch. Robbe wie eine Eidechse, linker Arm und rechtes Bein vor, rechter Arm und linkes Bein vor.

Dann wieder zurück, also linker Arm und rechtes Bein zurück und rechter Arm und linkes Bein zurück.

Wiederhole diese Übung 5-mal.

Name: Soldat

<u>So geht’s</u>:

Stelle dich ganz gerade hin. Marschiere wie ein Zinnsoldat auf der Stelle, rechtes Bein linker Arm vor, dann linkes Bein und rechter Arm vor.

Zähle bis 10, dann Pause und wieder losmarschieren.

Name: Artist

<u>So geht’s</u>:

Stelle dich gerade hin. Die Arme sind seitlich ausgestreckt.

Winkle das rechte Knie an, zähle bis 5. Wechsel.

Nun winkelst du das linke Knie an und zählst bis 5.

Wiederhole diese Übung 8-mal.

MEIN 10-MINUTEN-MOTORIK-TRAINING
Aufgabenkarten zur Förderung der Motorik – Bestell-Nr. 11 947
KOHL VERLAG

1.4 Übungen zu „Finjas Erlebnisreise“

1.4.1 Trainingsabschnitt

Name: Hüpfer

So geht’s:

Stelle dich gerade hin. Hüpfe auf dem rechten Bein. Zähle dabei bis 5.

Wechsel das Bein und hüpfe nun auf dem linken Bein. Zähle bis 5.

Führe diese Übung 5-mal hintereinander durch.

Name: Läufer

So geht’s:

Laufe fünf Schritte auf einer unsichtbaren geraden Linie auf dem Boden.

Jeder Fuß setzt direkt vor dem anderen Fuß auf. Drehe dich am Ende um.

Gehe die fünf Schritte nun wieder zurück zum Startpunkt.

Wiederhole diese Übung 3-mal.

Name: Potreter

So geht’s:

Stelle dich gerade hin. Hebe dein rechtes Bein so weit hoch, dass deine Ferse/ Hacke den Po berührt. Wie lange schaffst du es, ohne umzukippen?

Wechsle die Seite. Hebe nun dein linkes Bein an, dass die Ferse/Hacke den Po berührt.

Wiederhole diese Übung 5-mal.

Name: Augenkreiser

So geht’s:

Setze oder stelle dich gerade hin. Schaue nach oben zur Decke.

Lass dann deine Augen langsam im Uhrzeigersinn kreisen, dann gegen den Uhrzeigersinn.

Schließe am Ende zur Entspannung deine Augen für einen Moment.

Wiederhole diese Übung 3-mal.

MEIN 10-MINUTEN-MOTORIK-TRAINING
Aufgabenkarten zur Förderung der Motorik – Bestell-Nr. 11 947
KOHL VERLAG

1.4 Übungen zu „Finjas Erlebnisreise“

1.4.2 Trainingsabschnitt !

Name: Beingucker !

So geht's:

Lege dich auf deinen Rücken. Breite deine Arme und Beine seitlich aus. Spreize deine Finger und Zehen soweit es klappt.

Nun lässt du die rechte Seite völlig locker und spreizt nur die Zehen und Finger der linken Seite. Halten, zähle bis fünf und lasse alles wieder locker.

Nun wechselst du die Seite, spannst also nur die rechte Seite an und lässt die linke Seite völlig locker.

Führe diese Übung 3-mal durch.

Name: Beinstrecker !

So geht's:

Lege dich auf deinen Bauch. Stütze die Arme etwas auf.

Ziehe nun das rechte Bein über die Seite nach vorne. Halte die Stellung, zähle bis fünf und strecke das Bein wieder nach hinten hin aus. Der restliche Körper darf sich dabei nicht mitbewegen.

Wechsel nun die Seite.

Führe diese Übung 3-mal hintereinander aus.

Name: Warmmacher !

So geht's:

Lege dich auf deinen Bauch. Stütze die Arme etwas auf, sodass du auf deinen Ellenbogen liegst.

Winkle die Beine in der Luft an. Reibe nun die Füße aneinander. Nun klatschst und reibst du auch mit deinen Händen. Zähle im Kopf bis fünf.

Dann strecke dich wieder entspannt auf dem Boden aus.

Führe die Übung insgesamt 3-mal hintereinander aus.

MEIN 10-MINUTEN-MOTORIK-TRAINING
Aufgabenkarten zur Förderung der Motorik – Bestell-Nr. 11 947
KOHL VERLAG

1.4 Übungen zu „Finjas Erlebnisreise“

1.4.2 Trainingsabschnitt !

Name: Beingucker !

So geht's:

Lege dich auf deinen Rücken. Breite deine Arme und Beine seitlich aus. Spreize deine Finger und Zehen soweit es klappt.

Nun lässt du die rechte Seite völlig locker und spreizt nur die Zehen und Finger der linken Seite. Halten, zähle bis fünf und lasse alles wieder locker.

Nun wechselst du die Seite, spannst also nur die rechte Seite an und lässt die linke Seite völlig locker.

Führe diese Übung 3-mal durch.

Name: Beinstrecker !

So geht's:

Lege dich auf deinen Bauch. Stütze die Arme etwas auf.

Ziehe nun das rechte Bein über die Seite nach vorne. Halte die Stellung, zähle bis fünf und strecke das Bein wieder nach hinten hin aus. Der restliche Körper darf sich dabei nicht mitbewegen.

Wechsle nun die Seite.

Führe diese Übung 3-mal hintereinander aus.

Name: Warmmacher !

So geht's:

Lege dich auf deinen Bauch. Stütze die Arme etwas auf, sodass du auf deinen Ellenbogen liegst.

Winkle die Beine in der Luft an. Reibe nun die Füße aneinander. Nun klatschst und reibst du auch mit deinen Händen. Zähle im Kopf bis fünf.

Dann strecke dich wieder entspannt auf dem Boden aus.

Führe die Übung insgesamt 3-mal hintereinander aus.

1.4 Übungen zu „Finjas Erlebnisreise“

1.4.2 Trainingsabschnitt !

Name: Beinfasser !

So geht’s:

Lege dich auf deinen Rücken.

Strecke die Beine in die Luft und greife mit deinen Händen um deine Füße. Der Kopf wird dabei soweit es geht nach vorne zum Kinn geführt, dann Richtung Brust.

Versuche mit der Nasenspitze deine Knie zu berühren, sodass du wie eine Kugel auf dem Boden liegst.

Name: Greifer !

So geht’s:

Lege dich auf den Bauch, deine Arme sind seitlich am Körper.

Hebe deinen Oberkörper ein wenig an.

Strecke nun beide Arme gleichzeitig nach vorne. Achte darauf, dass sie ganz gerade sind.

Greife mit den Händen 5-mal in die Luft. Atme dabei gleichmäßig weiter.

Halte die Stellung kurz und führe dann beide Arme wieder seitlich an deinen Körper. Lege auch deinen Oberkörper wieder auf den Boden ab.

Name: Winkler !

So geht’s:

Lege dich auf den Rücken. Die Beine sind gerade ausgestreckt.

Hebe nun ein Bein an. Senken, anheben, senken, anheben, senken, anheben, senken, anheben, senken. Insgesamt führst du diese Übung also 5-mal durch.

Wechsle nun die Seite. Hebe also das andere Bein an, senke es, hebe es an… bis du es insgesamt 5-mal getan hast.

MEIN 10-MINUTEN-MOTORIK-TRAINING
Aufgabenkarten zur Förderung der Motorik – Bestell-Nr. 11 947
KOHL VERLAG

1.4 Übungen zu „Finjas Erlebnisreise“

1.4.2 Trainingsabschnitt !

Name: Storch !

So geht’s:

Stelle dich gerade hin.

Winkle ein Bein an, ziehe das Knie soweit es geht Richtung Bauch.

Umschließe dein Bein mit den Armen. Atme gleichmäßig weiter.

Halte diese Stellung, zähle bis 5 und senke dann das Bein wieder ab.

Nun wechselst du das Bein und führst die Übung auf der anderen Seite durch.

Name: Dehner !

So geht’s:

Stelle dich gerade hin.

Strecke deinen rechten Arm gerade nach oben, halte die Stellung und zähle bis 5.

Hebe nun das linke Bein, winkle es an, halte die Stellung und zähle bis 5.

Führe nun erst den Arm wieder nach unten und dann das Bein. Seitenwechsel.

Name: Schieber !

So geht’s:

Stelle dich gerade hin. Deine Arme hängen locker an der Seite herunter.

Hebe dein rechtes Bein an und winkle es. Hebe den rechten Arm vorne um deinen Hals, führe die Hand bis hinten auf deine Wirbelsäule und lege sie auf.

Die linke Hand greift an den rechten Ellenbogen und versucht, den Arm noch weiter nach hinten zu schieben. Eins, zwei, drei, vier, fünf. Wechsel.

Führe nun die Übung auf der anderen Seite durch.

Wiederhole jede Seite 3-mal.

MEIN 10-MINUTEN-MOTORIK-TRAINING
Aufgabenkarten zur Förderung der Motorik – Bestell-Nr. 11 947
KOHL VERLAG

1.4 Übungen zu „Finjas Erlebnisreise“

1.4.2 Trainingsabschnitt !

Name: Knie !

So geht's:

Setze dich gerade auf einen Stuhl. Berühre mit der rechten Hand dein linkes Knie. Zurück.

Und nochmals rechte Hand auf das linke Knie, aber mit geschlossenen Augen.

Berühre nun mit der linken Hand dein rechtes Knie. Zurück. Und nochmals.

Führe die Übung insgesamt 5-mal durch.

Name: Kreiser !

So geht's:

Stelle dich gerade hin. Lasse den rechten Arm vorwärts kreisen.

Beginne gleichzeitig auch mit dem linken Arm, sodass beide Arme gleichzeitig vorwärts kreisen. Zähle bis 5.

Lasse nun beide Arme rückwärts kreisen. Zähle bis 5. Pause.

Wiederhole diese Übung 5-mal.

Name: Nasenstupser !

So geht's:

Lege dich auf deinen Rücken. Winkle die Beine an und ziehe sie an deinen Bauch. Halte die Knie mit deinen Händen fest.

Ziehe nun den Kopf so hoch, dass deine Nase die Knie berührt. Schaue dabei auf deine Knie. Zähle bis 5. Pause.

Wiederhole diese Übung 3-mal.

Name: Liegende Acht !

So geht's:

Stelle dich gerade hin. Strecke deine Arme gerade nach vorne.

Greife mit deinen Händen ineinander. Schaue die ganze Zeit über auf deine Hände, verfolge deren Bewegungen mit den Augen, der Kopf bleibt völlig still.

Male nun eine große, auf der Seite liegende Acht in die Luft.

MEIN 10-MINUTEN-MOTORIK-TRAINING
Aufgabenkarten zur Förderung der Motorik – Bestell-Nr. 11 947
KOHL VERLAG

1.4.2 Trainingsabschnitt !

Name: Hampelmann !

So geht's:

Stelle dich gerade hin, die Arme sind am Körper, die Beine geschlossen.

Springe nun hoch, grätsche dabei die Beine und klatsche mit deinen Händen über deinem Kopf.

Die Arme sind dabei ganz gestreckt. Wie lange schaffst du es zu springen?

Name: Artist !

So geht's:

Stelle dich gerade hin. Die Arme sind seitlich am Körper. Schließe die Augen.

Winkle das rechte Knie an, zähle bis 5. Wechsel.

Nun winkelst du das linke Knie an und zählst bis 5.

Wiederhole diese Übung 8-mal.

Name: Hüpfer !

So geht's:

Stelle dich gerade hin. Hüpfe auf dem rechten Bein.

Hüpfe immer fünf Sprünge vor, dann wieder fünf Sprünge zurück.

Wechsle das Bein und hüpfe nun auf dem linken Bein. Fünf Sprünge vor und fünf Sprünge zurück.

Führe diese Übung 5-mal hintereinander durch.

Name: Schere !

So geht's:

Laufe im Scherenschnittgang.

Das rechte Bein geht auf die linke Seite und das linke Bein auf die rechte Seite.

Wie viele Schritte schaffst du?

MEIN 10-MINUTEN-MOTORIK-TRAINING
Aufgabenkarten zur Förderung der Motorik – Bestell-Nr. 11 947
KOHL VERLAG

1.4.2 Trainingsabschnitt !

Name: Läufer !

So geht’s:

Laufe fünf Schritte auf einer unsichtbaren geraden Linie auf dem Boden.

Jeder Fuß setzt direkt vor dem anderen Fuß auf. Gehe nun wieder zurück, aber rückwärts. Wieder setzt jeder Fuß direkt hinter dem anderen Fuß auf.

Wiederhole diese Übung 3-mal.

Name: Potreter !

So geht’s:

Stelle dich gerade hin. Hebe dein rechtes Bein so weit hoch, dass deine Ferse/ Hacke den Po berührt.

Hebe den linken Arm und strecke ihn so weit wie möglich hoch. Wie lange schaffst du es, ohne umzukippen?

Wechsle die Seite. Hebe nun dein linkes Bein an, dass die Ferse/Hacke den Po berührt und hebe den rechten Arm.

Wiederhole diese Übung 5-mal.

Name: Augenkreiser !

So geht’s:

Setze oder stelle dich gerade hin. Schaue nach oben zur Decke. Lass dann deine Augen langsam im Uhrzeigersinn kreisen, dann gegen den Uhrzeigersinn.

Schaue nun ganz weit nach rechts, dann nach links. Achte darauf, dass dein Kopf dabei immer gerade nach vorne zeigt.

Schließe am Ende zur Entspannung deine Augen für einen Moment.

Wiederhole diese Übung 3-mal.

Name: Daumentreff !

So geht’s:

Stelle dich gerade hin und schließe die Augen. Strecke einen Arm aus und strecke den Zeigefinger gerade aus. Versuche nun, mit geschlossenen Augen den Zeigefinger auf die Nase zu führen. Versuche es auch mit der anderen Seite.

Zur Entspannung setze dich hin und schließe die Augen.

Wiederhole diese Übung 3-mal.

KOHL VERLAG
MEIN 10-MINUTEN-MOTORIK-TRAINING
Aufgabenkarten zur Förderung der Motorik – Bestell-Nr. 11 947

1.4 Übungen zu „Finjas Erlebnisreise“

1.4.3 Trainingsabschnitt ★

Name: Beingucker ★

So geht's:

Lege dich auf deinen Rücken. Stelle die Beine etwas an, lege die Hände auf deine Brust und hebe den Kopf ein wenig hoch. Spüre wie du ruhig ein- und ausatmest, sich deine Brust hebt und senkt.

Nun hebe deinen Kopf ein wenig hoch, schaue durch deine Beine und sage „Kuckuck“.

Strecke dich dann wieder aus.

Führe diese Übung 3-mal hintereinander aus.

Name: Beinstrecker ★

So geht's:

Leg dich auf den Bauch, stütze dich mit den Unterarmen ein wenig hoch. Spreize die Finger soweit es geht auseinander. Hole dann dein rechtes Bein ganz langsam über die Seite nach vorne, sodass das Bein angewinkelt ist. Nun nimmst du den linken Arm und streckst ihn ganz langsam nach vorne aus, sodass die Hand über den Boden gleitet.

Achte dabei auf deinen Oberkörper, spanne ihn an. Versuche deinen Kopf als Verlängerung deines Rückens zu halten, dein Blick zeigt dabei ruhig nach unten auf den Boden. Atme gleichmäßig ein und aus.

Strecke dich dann wieder lang auf dem Boden aus. Führe nun diese Übung nochmals durch, aber hole das Bein und den Arm gleichzeitig nach vorne, also rechtes Bein und linker Arm.

Führe diese Übung 3-mal hintereinander aus.

Name: Beinfasser ★

So geht's:

Lege dich auf deinen Rücken. Strecke die Beine in die Luft und umgreife mit deinen Händen die Füße. Hebe deinen Kopf in Richtung Brust und kugle dich richtig zusammen.

Nun versuche zu schaukeln. Hole etwas Schwung, indem du die Beine streckst und wieder zurückholst, bis du schaukelst.

MEIN 10-MINUTEN-MOTORIK-TRAINING
Aufgabenkarten zur Förderung der Motorik – Bestell-Nr. 11 947
KOHL VERLAG

1.4 Übungen zu „Finjas Erlebnisreise“

1.4.3 Trainingsabschnitt ★

Name: Warmmacher ★

So geht's:

Lege dich auf den Bauch. Hebe deinen Oberkörper etwas an. Die Unterarme und die Ellenbogen bleiben auf dem Boden.

Spreize deine Beine und winkle sie in der Luft an. Reibe nun deine Füße in der Luft. Klatsche mit den Händen und reibe.

Führe die Übung nun genauer aus: Reibe 2-mal die Füße, klatsche 2-mal in die Hände und patsche 2-mal mit den Händen auf den Boden. Pause.

Führe diese Übung 3-mal hintereinander aus.

Name: Greifer ★

So geht's:

Lege dich auf den Bauch.

Ziehe den rechten Arm waagerecht nach vorne, greife 5-mal in die Luft, halte die Stellung. Hole den linken Arm waagerecht nach vorne, greife 5-mal in die Luft.

Halte die Stellung, zähle bis 5.

Führe dann erst den rechten Arm wieder seitlich an deinen Körper, danach den linken Arm.

Name: Winkler ★

So geht's:

Lege dich auf den Rücken.

Hebe das rechte Bein gestreckt an. Winkle das Knie an und ziehe es so weit es geht bis zur Brust. Zähle bis 5, atme gleichmäßig weiter.

Führe dann das Bein wieder zurück, strecke es aus. Seitenwechsel.

Name: Storch ★

So geht's:

Stelle dich gerade hin. Winkle das rechte Bein an.

Ziehe das Bein nach hinten und versuche mit deiner Ferse den Po zu berühren.

Halte diese Stellung, zähle bis 5. Führe dann das Bein wieder zurück.

Seitenwechsel.

MEIN 10-MINUTEN-MOTORIK-TRAINING
Aufgabenkarten zur Förderung der Motorik – Bestell-Nr. 11 947
KOHL VERLAG

1.4 Übungen zu „Finjas Erlebnisreise“

1.4.3 Trainingsabschnitt ★

Name: Dehner ★

So geht's:

Stelle dich gerade hin. Strecke deinen rechten Arm gerade nach oben, halte die Stellung und zähle bis 5.

Hebe nun das rechte Bein, winkle es an, halte die Stellung und zähle bis 5.

Führe nun den linken Arm nach oben, halte die Stellung und zähle bis 5.

Nun führst du erst den rechten Arm wieder nach unten, dann den linken und dann das Bein.

Seitenwechsel

Name: Schieber ★

So geht's:

Stelle dich gerade hin. Deine Arme hängen locker an der Seite herunter.

Hebe den rechten Arm vorne um deinen Hals, führe die Hand bis hinten auf deine Wirbelsäule und lege sie auf.

Die linke Hand greift an den rechten Ellenbogen und versucht, den Arm noch weiter nach hinten zu schieben. Eins, zwei, drei, vier, fünf.

Gehe nun so tief du kommst in die Hocke und stehe ohne Hilfe wieder auf. Wechsel. Führe nun die Übung auf der anderen Seite durch.

Wiederhole jede Seite 3-mal.

Name: Knie ★

So geht's:

Setze dich gerade auf einen Stuhl. Berühre mit der rechten Hand dein linkes Knie. Zurück. Berühre nun mit der linken Hand dein rechtes Knie. Zurück.

Führe die Übung insgesamt 5-mal durch.

Nun berühre mit der rechten Hand die linke Fußspitze. Zurück. Berühre nun mit der linken Hand deinen rechten Fuß.

Name: Fußgreifer ★

So geht's:

Setze dich auf den Boden. Strecke die Beine lang aus. Beuge deinen Oberkörper nach vorne und versuche mit deinen Fingern die Füße zu berühren.

Entspanne dich wieder. Führe die Übung 3-mal durch.

1.4.3 Trainingsabschnitt ★

Name: Beuger ★

So geht's:

Stelle dich gerade hin. Die Beine sind gestreckt, Knie durchgedrückt.

Beuge dich nun mit durchgedrückten Knien nach vorne. Berühre deine Füße.

Wiederhole diese Übung 5-mal.

Name: Kopflos ★

So geht's:

Setze dich im Schneidersitz hin. Lege die Hände an deinen Kopf.

Stehe nun langsam ohne Hilfe deiner Hände auf, sie verbleiben die ganze Zeit an deinem Kopf. Zähle bis 5.

Dann setzt du dich langsam wieder in den Schneidersitz, wieder ohne Hilfe deiner Hände.

Wiederhole diese Übung 3-mal.

Name: Handlos ★

So geht's:

Lege dich auf deinen Bauch. Deine Hände sind am Kopf.

Drehe dich nun ohne Hilfe deiner Hände auf den Rücken.

Setze dich in den Schneidersitz und stehe dann langsam auf, alles ohne Hilfe deiner Hände.

Name: Ohren ★

So geht's:

Lege dich auf deinen Rücken. Strecke den Körper gerade aus.

Hebe die Knie und deinen Po hoch, sodass deine Knie die Ohren berühren.

Deine Hände bleiben auf dem Boden liegen. Eins, zwei, drei, vier.

Wieder entspannen, gerade ausgestreckt hinlegen.

Wiederhole diese Übung 5-mal.

MEIN 10-MINUTEN-MOTORIK-TRAINING
Aufgabenkarten zur Förderung der Motorik – Bestell-Nr. 11 947
KOHL VERLAG

1.4.3 Trainingsabschnitt ★

Name: Kreiser ★

So geht's:

Stelle dich gerade hin. Kreise den rechten Arm vorwärts, den linken Arm rückwärts. Zähle bis 10.

Entspanne dich und wechsle die Arme. Lasse den linken Arm vorwärts kreisen und den rechten Arm rückwärts. Wieder bis 10 zählen. Entspannen.

Führe die Übung insgesamt 3-mal durch.

Name: Artist ★

So geht's:

Stelle dich gerade hin. Die Arme sind seitlich am Körper, schließe die Augen.

Winkle das rechte Knie an, lege den Kopf in den Nacken, zähle bis 5. Wechsel.

Nun winkelst du das linke Knie an, legst den Kopf in den Nacken und zählst bis 5.

Wiederhole diese Übung 8-mal.

Name: Hüpfer ★

So geht's:

Stelle dich gerade hin. Halte deine Hände seitlich an deinen Kopf.

Hüpfe auf dem rechten Bein. Hüpfe immer fünf Sprünge vor, dann wieder fünf Sprünge zurück. Wechsel das Bein und hüpfe nun auf dem linken Bein. Fünf Sprünge vor und fünf Sprünge zurück.

Führe diese Übung 5-mal hintereinander durch. Deine Hände bleiben die ganze Zeit über an deinem Kopf.

Name: Schere ★

So geht's:

Laufe im Scherenschnitt, rechtes Bein auf die linke Seite, linkes Bein auf die rechte Seite.

Laufe 10 Schritte vor, dann wieder 10 zurück, aber im Rückwärtsgang.

Denke an den Scherenschnittgang!

MEIN 10-MINUTEN-MOTORIK-TRAINING
Aufgabenkarten zur Förderung der Motorik – Bestell-Nr. 11 947
KOHL VERLAG

1.4.3 Trainingsabschnitt ★

Name: Läufer ★

So geht's:

Laufe fünf Schritte auf einer unsichtbaren geraden Linie auf dem Boden. Halte die Augen dabei geschlossen. Jeder Fuß setzt direkt vor dem anderen Fuß auf.

Gehe nun wieder zurück, aber rückwärts. Wieder setzt jeder Fuß direkt hinter dem anderen Fuß auf und deine Augen bleiben geschlossen.

Wiederhole diese Übung 5-mal.

Name: Potreter ★

So geht's:

Stelle dich gerade hin. Hebe dein rechtes Bein so weit hoch, dass deine Ferse/ Hacke den Po berührt.

Hebe beide Arme über den Kopf und strecke sie gerade nach oben. Wie lange schaffst du es, ohne umzukippen?

Wechsle die Seite. Hebe nun dein linkes Bein an, dass die Ferse/Hacke den Po berührt und hebe die Arme.

Wiederhole diese Übung 5-mal.

Name: Daumentreff ★

So geht's:

Stelle dich gerade hin. Strecke einen Arm gerade nach vorne aus.

Fauste die Hand und halte den Daumen nach oben. Schaue auf deinen Daumen, lasse ihn nicht aus den Augen.

Führe den Arm mit dem Daumen nun langsam zum Gesicht hin und wieder weg. Lasse den Daumen dabei nicht aus den Augen.

MEIN 10-MINUTEN-MOTORIK-TRAINING
Aufgabenkarten zur Förderung der Motorik – Bestell-Nr. 11 947
KOHL VERLAG

2 Finjas Geburtstagsfeier

Seit Tagen ist Finja ganz aufgedreht und unruhig. Sie wird bald 8 Jahre alt, 8 Jahre! Dann ist sie endlich alt genug, um den tollen Film im Kino anschauen zu dürfen, um am Wochenende abends länger wach bleiben zu dürfen, um ... ach wie wunder – wunder – wundervoll!! Sie kommt sich nun richtig groß und wichtig vor.

„Die Lachdrops sind fertig, möchtest du die Schüssel auslecken?“, ruft ihre Mutter aus der kleinen Küche. „Was für eine Frage!“, Finja steht schon in der Tür zur Küche und schaut ihre Mutter grinsend an. „Du bist die beste Mami, danke!“ „So ein Quatsch. Wenn du die Schüssel ausleckst, kann ich sie nachher leichter spülen“, erwidert die Mutter mit einem Zwinkern. Den ganzen Tag steht Finjas Mutter schon in der Küche, backt, rührt und bereitet alles für den Geburtstag am nächsten Tag vor.

Dann ist es endlich soweit. Finja kann es kaum erwarten, bis ihre Eltern aufgestanden sind und sie gemeinsam in die gute Stube gehen, wo ihr Geburtstagstisch steht. All die liebevoll selbst hergestellten Geschenke sind das Schönste, was Finja sich vorstellen kann. Der Vater hat ihr einen Korb aus Holz und ein kleines Regal gezimmert. Ihre Mutter hat verschiedene Sachen gestrickt und gehäkelt, in allem steckt so viel Liebe drin, Finja könnte weinen vor Dankbarkeit. „Um 15 Uhr kommen meine Freunde, bei dem schönen Wetter ist es auf dem Rummelplatz nochmal so schön!“, freut sich die kleine Fee. Und tatsächlich! Um 15 Uhr hört man die goldfarbige alte Schiffsglocke läuten, die vorne an der Tür hängt, und all die eingeladenen Gäste kommen freudig und mit Überraschungen in den Händen zur Tür herein. Da wird sich umarmt, gelacht und dann bittet Finjas Mutter alle in die gute, lustig und wundervoll liebevoll dekorierte Stube, wo die herrlichsten Torten, Plätzchen und Obstplatten stehen, die du dir nur denken kannst.

Die kleinen Feen, Elfen und Trolle machen sich mit Heißhunger über die Leckereien her und lassen am Ende wirklich nicht den kleinsten Krümel über. „Na, euch hat es ja geschmeckt!“, freut sich Finjas Vater. „Hier habe ich noch eine kleine Überraschung für jeden von euch, die ihr mit nach Hause nehmen dürft!“ und damit überreicht er jedem einen kleinen Jutebeutel, gefüllt mit kleinen geschnitzten Kostbarkeiten, natürlich selber von ihm hergestellt.

Vor der Tür steht schon die Kutsche, und nachdem sich jeder seine Sachen genommen und in der großen Truhe hinten auf dem Gefährt verstaut hat, fahren alle los. „Auf zum Rummelplatz, juhe!“ jubeln sie und Finjas Eltern lächeln sich glücklich zu, froh, dass die Freunde solch eine Freude verspüren.

Auf dem Rummelplatz ist eine Menge los, viele große und kleine Wesen sind dort zu finden. Feen, Elfen, Hexen, Zauberer und, und, und. „Schau mal, da, die Ponys...“, „...und dort hinten der Feuerschlucker!“ „...oh, es riecht hier so lecker, da bekomme ich glatt schon wieder Hunger.“, „ ...und die Zelte sind so hübsch bunt, oh, und da die Raubkatzen!“...Die kleinen Waldbewohner sind von all den Attraktionen fasziniert, die sie ihrem Empfinden nach nur viel zu selten besuchen dürfen. „Sonst ist es ja nichts Besonderes mehr“, sagen ihre Eltern jedes Mal, wenn sie wieder um weitere Besuche bitten. „Lasst uns bitte zusammenbleiben und den Rundweg nehmen. Los geht's!“, sagt Finjas Vater und sie ziehen gemeinsam los.

KOHL VERLAG MEIN 10-MINUTEN-MOTORIK-TRAINING Aufgabenkarten zur Förderung der Motorik – Bestell-Nr. 11 947

2 Finjas Geburtstagsfeier

Der Clown läuft ihnen als erstes über den Weg. Seine lustigen Grimassen lassen alle großen und kleinen Besucher kräftig lachen. „Schau mal, wie weit er seine Augenbrauen hoch ziehen kann, das sieht ja ulkig aus!" „Jetzt ist aber nur noch die rechte oben, wie macht er das denn? Warte mal, ich versuche das auch mal", meint Ole und verzieht das Gesicht. **„Also hinstellen, beide Augenbrauen so weit es geht nach oben ziehen, ok. Das ist ja gar nicht so schwer. Nochmal**." Eifrig versucht er es immer wieder, schließlich möchte er am liebsten einmal ein berühmter Clown werden. **„Und jetzt nur die eine. Also gerade hinstellen, Gesicht locker lassen und genau konzentrieren, damit nur deine rechte Augenbraue raufgeht"**, ermuntert ihn Finja. „Na, du hast gut reden, das ist ganz schön schwer. Aber hey, schau mal, so ist es richtig, oder?" „Du bist spitze!" Dann probieren die Kinder seine anderen Gesichtsbilder hinzubekommen. **Beide Wangen aufblasen wie ein Frosch. Dann nur jeweils eine Wange**, alle üben mit viel Spaß und Finja ist mit besonders großem Eifer bei der Sache, möchte sie doch später auch Oma Grinni wieder daran teilhaben lassen. Jetzt passt mal auf, was ich noch bei dem Clown abgeschaut habe. Felix stellt sich vor seine Freunde und **zieht beide Mundwinkel hoch, so, als wenn er lachen würde**. „Haha, das kann ich auch!", „Ich auch!", stimmen die anderen ein und alle probieren gemeinsam, wer seine Mundwinkel am höchsten hochziehen kann. **„Und jetzt nur auf der rechten Seite hochziehen, aber die Schultern dabei unten lassen"**, fordert Felix seine Freunde auf. **„Und wer das hinbekommt, zieht nur die rechte Seite hoch und die linke Schulter und dann linke Seite hoch und rechte Schulter"**, grinst er. Die Freunde üben eifrig und nach einiger Zeit bekommen sie es gut hin. „Hah, das ist gesund und lustig, wie schön. Und da habe ich immer gedacht, Medizin wäre blöd", witzelt Ole.

Dann kommen sie zu einem wunderschönen, kunterbunten großen Zelt. In der Mitte ist ein Seil gespannt, auf dem Seiltänzer ihre Übungen zeigen. Sie gehen auf dem Seil vor und zurück, manche sogar rückwärts, ohne daneben zu treten. Finja und ihre Freunde sind begeistert. „Das ist ja toll. Wisst ihr was, mit einem Seil auf dem Boden können wir das auch, passt mal auf." Jona flitzt um die Ecke, kommt aber mit leeren Händen zurück. „Mhm, aber auch nicht schlimm. Dann stellen wir uns halt ein Seil auf dem Boden vor. Los geht's." Die kleinen Feen, Elfen und Trolle schauen noch kurz bei den Seiltänzern zu, dann schleichen sie sich an die Seite und probieren es für sich selber. **Sie denken sich ein Seil auf dem Boden und gehen 8 Schritte darauf vorwärts. Dabei achten sie darauf, jeden Fuß genau vor den anderen zu setzen. Ole zieht dabei sogar die Augenbrauen hoch, wie er es bei dem Clown gesehen hat.** Ihr Lachen ist bis weit aus dem Zelt zu hören und Finjas Eltern lächeln sich glücklich zu. „Schau dir die Bande nur an. Sie haben so viel Spaß, das ist für mich wirklich das Schönste", flüstert Finjas Mutter ihrem Mann zu.

Dann geht Anna auf dem gedachten Seil wieder 8 Schritte vor, aber nur auf ihren Zehenspitzen. Es sieht sehr vornehm aus. Als sie wieder bei ihren Freunden ist, applaudieren alle. Da saust Ole wieder los, **8 Schritte vor, aber nur auf seinen Hacken.** „Haha, so vornehm wie bei Anna schaut das nicht aus, aber um einiges lustiger" meint Finja und hält sich den Bauch vor Lachen.

Plötzlich hat Finja eine Idee. „Lasst uns Bilder auf den Boden malen. Mhm, Papier ist

MEIN 10-MINUTEN-MOTORIK-TRAINING
Aufgabenkarten zur Förderung der Motorik – Bestell-Nr. 11 947

2 Finjas Geburtstagsfeier

nun nicht da, aber im Sand können wir das auch.“ Schnell ziehen sie ihre Schuhe aus und **malen mit den nackten Zehen lustige Bilder in den Sand**. Gegenseitig versuchen sie zu erraten, was der andere gemeint haben könnte. „Wisst ihr was, das werde ich mit Oma Grinni auch tun, sie darf dabei auch gerne Papier und einen Stift nehmen, falls sie möchte. Ich könnte mir vorstellen, dass das ihren Füßen nach ihren langen Wegen im Wald bestimmt gut tun wird. Hach, das wird lustig!“ Finja ist ganz begeistert von ihrer Idee.

Plötzlich fällt Finja ihre kleine Tasche runter und der ganze Inhalt fällt auf den Boden. Da liegen Spielfiguren, ein Stift, ein Kamm und sogar ein kleiner blauer Spiegel im Sand. Ole bückt sich rasch und möchte Ronja beim Aufheben helfen. „Stopp, ich habe eine Idee“, ruft Finja und grinst über beide Backen, „**wir heben alles mit unseren Füßen auf, wir alle gemeinsam. Eine ganz spezielle Fußübung,** meine Damen und Herren!“ Alle nicken und freuen sich auf das lustige Experiment. Und wirklich, auch wenn es länger als mit den Händen gedauert hat, haben sie es am Ende geschafft und alles wieder in der Tasche verstaut. **Zum Greifen einer Sache haben sie ihre Zehen fest zusammengekrallt wie eine Faust.** „Hoffentlich fällt nochmals etwas runter, ab sofort hebe ich alles nur noch mit meinen Füßen auf“, grinst Ole.

Nun gehen Sie weiter zu den Raubtieren. Die Tiger gefallen besonders Ronja gut, heißt doch einer wie ihr kleines Kuscheltier, nämlich Remi. „Schau mal, wie die schleichen können, das möchte ich auch können“, flüstert Finja begeistert. „Dann könnte ich mich immer heimlich wegschleichen, wenn ich statt rechnen lieber spielen möchte.“ „Lass das bloß nicht Frau Semsi hören“, lacht Ole und denkt an die strenge Mathematiklehrerin mit ihrer großen Brille auf der Nase.

„Schaut mal, da ist das Zelt der Wahrsagerin Tankila. Sollen wir...?“, fragt Finjas Mutter die kleinen Besucher. Alle nicken erwartungsvoll und gehen zu dem Zelt hin. Gemeinsam setzen sie sich an den runden Tisch, auf dessen Mitte eine geheimnisvoll aussehende durchsichtige Kugel steht. „Ihr wollt also etwas über eure Zukunft erfahren?“, fragt Tankila sie verschwörerisch. „Ja, bitte!“, hauchen die Freunde und schauen sie aus großen, etwas ängstlichen Augen an. „Also gut“, beginnt sie langsam und fängt an ihre Kugel zu streicheln ... „ja und hier musst du leider das Zelt verlassen, denn die Weissagungen der Wahrsagerin Tankila gehen nur die kleinen Feen, Elfen und Trolle etwas an, für die sie bestimmt sind. Warten wir also mit Finjas Eltern gemeinsam vor dem Zelt ...“

Als Letztes gehen alle zum Riesenrad und fahren eine Runde. Dabei wird Ole bedenklich weiß um die Nase, aber er hält sich wacker und ist am Ende nur froh, wieder mit beiden Beinen sicher auf dem Boden zu stehen.

Die Zeit vergeht auf dem Rummelplatz immer viel zu schnell. Langsam beginnt es dunkel zu werden, so dass Finjas Eltern mit den kleinen Besuchern in Richtung Ausgang gehen. Dort steigen sie glücklich und müde in die Kutsche und jeder wird nach Hause gebracht, wo er glücklich von seinen Eltern begrüßt wird.

Spät am Abend kommen Finja und ihre Eltern wieder bei sich zu Hause an. Der Vater trägt die kleine müde Fee in ihr Zimmer und legt sie ins Bett. „Vielen, vielen Dank für diesen wundervollen Geburtstag“, flüstert sie noch und dann schläft sie auch schon zufrieden ein.

KOHL VERLAG
MEIN 10-MINUTEN-MOTORIK-TRAINING
Aufgabenkarten zur Förderung der Motorik – Bestell-Nr. 11 947

2.1. Übungen zu „Finjas Geburtstagsfeier“

Name: Augenbraue ⊙

So geht’s:

Ziehe deine beiden Augenbrauen so weit es geht nach oben. Bewege die Schultern dabei nicht. Zähle im Kopf bis 5, dann entspanne dich und wiederhole die Übung.

Name: Augenbraue !

So geht’s:

Ziehe die rechte Augenbraue nach oben, die linke bewegt sich nicht. Auch die Schultern bleiben ganz ruhig. Zähle im Kopf bis 5. Nun ziehst du die linke Augenbraue nach oben und bewegst die rechte Augenbraue und die Schultern nicht.

Wiederhole diese Übung 8-mal.

Name: Wangen ⊙

So geht’s:

Blase beide Wangen auf, soweit du kannst. Entspanne dein Gesicht. Blase dann nur die rechte Wange auf, zähle im Kopf bis 5 und lass dann die Luft langsam und leise wieder raus. Seitenwechsel, also wieder beide Wangen aufblasen, bis 5 zählen, halten, die Luft wieder raus lassen und dann nur die linke Wange aufblasen.

Name: Wangen !

So geht’s:

Blase nur die rechte Wange auf, soweit du kannst, zähle im Kopf bis 5. Entspanne dein Gesicht. Blase dann nur die linke Wange auf, bis 5 zählen, halten, die Luft wieder raus lassen.

2.1. Übungen zu „Finjas Geburtstagsfeier“

Name: Lacher ◉

So geht’s:

Ziehe beide Mundwinkel nach oben, sodass du lachst. Zähle im Kopf bis 5. Nun entspannst du dein Gesicht. Ziehe nun wieder beide Mundwinkel gleichzeitig hoch.

Wiederhole diese Übung 8-mal.

Name: Lacher !

So geht’s:

Ziehe den rechten Mundwinkel nach oben, sodass du lachst. Der linke Mundwinkel bewegt sich nicht. Entspanne nun dein Gesicht. Ziehe nun nur den linken Mundwinkel nach oben, der rechte Mundwinkel bleibt nun ganz ruhig. Entspannen.

Wiederhole diese Übung 8-mal.

Name: Tänzer ◉

So geht’s:

Stell dir eine Linie auf dem Boden vor, auf der du nur auf den Zehenspitzen laufen darfst. Strecke die Arme seitwärts von dir, um besser das Gleichgewicht halten zu können. Laufe mindestens 8 Schritte auf den Zehen. Bleibe dann stehen, drehe dich um und laufe auf den Zehen zurück. Kurze Pause und dann wiederholen.

Name: Tänzer !

So geht’s:

Stell dir eine Linie auf dem Boden vor, auf der du nur auf den Zehenspitzen laufen darfst. Halte deine Arme wie ein kleiner Soldat am Körper. Laufe mindestens 8 Schritte auf den Zehen. Bleibe dann stehen, drehe dich um und laufe auf den Zehen zurück. Kurze Pause und dann wiederholen.

MEIN 10-MINUTEN-MOTORIK-TRAINING
Aufgabenkarten zur Förderung der Motorik – Bestell-Nr. 11 947
KOHL VERLAG

2.1. Übungen zu „Finjas Geburtstagsfeier“

Name: Hacken ⦿

So geht's:

Stell dir eine Linie auf dem Boden vor, auf der du nur auf deinen Hacken laufen darfst. Strecke die Arme seitwärts von dir, um besser das Gleichgewicht halten zu können. Laufe mindestens 8 Schritte auf den Hacken. Bleibe dann stehen, drehe dich um und laufe auf den Hacken zurück. Kurze Pause und dann wiederholen.

Name: Maler ⦿

So geht's:

Setze dich gerade auf einen Stuhl. Lege auf den Boden vor dich ein Blatt Papier. Halte mit deinem rechten Fuß einen Buntstift fest, sodass du mit ihm auf dem Papier malen kannst. Male Dreiecke, Kreise, Vierecke…

Sicher fällt dir noch ganz viel ein.

Name: Heber ⦿

So geht's:

Setze dich gerade auf einen Stuhl. Stell dir vor, du möchtest lauter kleine Dinge, die auf dem Boden liegen, mit deinem rechten Fuß aufheben. Dazu musst du immer, wenn du etwas hebst, die Zehen klein zusammendrücken, damit es nicht runterfällt. Hebe es hoch und stell dir einen Eimer neben deinem Stuhl vor, in den du es fallen lässt.

Name: Heber !

So geht's:

Setze dich gerade auf einen Stuhl. Stell dir vor, du möchtest lauter kleine Dinge, die auf dem Boden liegen, erst mit deinem rechten Fuß, dann mit deinem linken Fuß aufheben. Dazu musst du immer, wenn du etwas hebst, die Zehen klein zusammendrücken, damit es nicht runterfällt. Wechsle die Füße ab, rechts, links, rechts, links. Hebe es hoch und stell dir einen Eimer neben deinem Stuhl vor, in den du es fallen lässt.

MEIN 10-MINUTEN-MOTORIK-TRAINING
Aufgabenkarten zur Förderung der Motorik – Bestell-Nr. 11 947
KOHL VERLAG

2.2. Weitere Übungen

2.2.1 Übungen für die Hände

Name: Beerendruck ⦿

So geht's:

Stell dir vor, auf deinem Daumen liegt eine reife süße Erdbeere. Du möchtest sie anfassen, ohne sie zu zerquetschen. Fang mit dem Zeigefinger an, drücke vorsichtig auf die Beere, dann folgt der Mittelfinger, der Ringfinger und am Ende der kleine Finger.

Name: Beerendruck !

So geht's:

Stell dir vor, auf deinem Daumen liegt eine reife süße Erdbeere. Du möchtest sie anfassen, ohne sie zu zerquetschen. Dieses Mal führst du die Übung aber rückwärts durch. Du fängst also mit dem kleinen Finger an, dann folgt der Ringfinger, der Mittelfinger und am Ende der Zeigefinger.

Name: Beerendruck ★

So geht's:

Stell dir eine Linie auf dem Boden vor, auf der du nur auf den Zehenspitzen laufen darfst. Strecke die Arme seitwärts von dir, um besser das Gleichgewicht halten zu können. Laufe mindestens 8 Schritte auf den Zehen. Bleibe dann stehen, drehe dich um und laufe auf den Zehen zurück. Kurze Pause und dann wiederholen.

Absolute Expertenübung ☺

So geht's:

Führe die Übung wieder durch, diese Mal aber mit der rechten Hand vorwärts, mit der linken Hand rückwärts.

2.2. Weitere Übungen

2.2.1 Übungen für die Hände

Name: Halti ⦿

So geht's:

Stell dich gerade hin, lege die Handflächen wie beim Beten vor deiner Brust zusammen. Wichtig: Deine Fingerspitzen bleiben immer zusammen! Spreize nun deine Finger, als ob du die Zwischenräume lüften möchtest. Nun löst du die Handballen voneinander und streckst sie so weit auseinander, wie deine Fingerspitzen zusammen bleiben.

Name: Halti !

So geht's:

Stell dich gerade hin, lege die Handflächen wie beim Beten vor deiner Brust zusammen. Wichtig: Deine Fingerspitzen bleiben immer zusammen! Spreize nun deine Finger, als ob du die Zwischenräume lüften möchtest. Nun löst du die Handballen voneinander und streckst sie so weit auseinander, wie deine Fingerspitzen zusammen bleiben. Stell dir nun vor, du möchtest eine Orange zwischen deinen Handballen drücken, sodass sie ganz klein wird.

Name: Halti ★

So geht's:

Stell dich gerade hin, lege die Handflächen wie beim Beten vor deiner Brust zusammen. Wichtig: Deine Fingerspitzen bleiben immer zusammen! Spreize nun deine Finger, als ob du die Zwischenräume lüften möchtest. Nun löst du die Handballen voneinander und streckst sie so weit auseinander, wie deine Fingerspitzen zusammen bleiben. Stell dir nun vor, du möchtest eine Orange zwischen deinen Handballen drücken, sodass sie ganz klein wird. Wenn sie so klein wie ein Kieselsteinchen ist, schiebst du sie zu deinen Fingerspitzen, aber ohne sie zu lösen. Halte sie. Dann drückst du sie wieder zurück. Wie schnell und wie oft schaffst du diese Übung, ohne die Regeln zu missachten?

MEIN 10-MINUTEN-MOTORIK-TRAINING
Aufgabenkarten zur Förderung der Motorik – Bestell-Nr. 11 947
KOHL VERLAG

2.2. Weitere Übungen

2.2.1 Übungen für die Hände

Name: Knacker ◉

So geht's:

Stelle dich gerade hin. Nimm beide Hände in Brusthöhe vor deinen Körper. Deine linke Hand liegt mit dem Handrücken nach oben auf der rechten Hand. Die rechte Hand zeigt auch mit dem Handrücken nach oben. Die Finger der oberen Hand zeigen nach rechts, die der unteren Hand nach links. Die Ellenbogen sind auf gleicher Höhe wie die Hände. Stell dir nun vor, du möchtest mit der rechten Hand zwei Nüsse knacken. Fauste die untere Hand und hilf mit der oberen Hand, indem du die untere Hand fest drückst. Beide Hände bilden nun eine große Faust. Halte es einen Moment, zähle im Kopf bis 5 und löse alles wieder.

Name: Welle ◉

So geht's:

Lege deine Hand auf den Tisch. Spreize die Finger so weit es geht auseinander. Hebe nun zuerst den Daumen, dann den Zeigefinger, Mittelfinger, Ringfinger und den kleinen Finger. Es soll aussehen wie eine Welle.

Wiederhole die Übung 5-mal.

Name: Welle !

So geht's:

Lege deine Hand auf den Tisch. Spreize die Finger so weit es geht auseinander. Hebe nun zuerst nur den Daumen, dann den Zeigefinger, Mittelfinger, Ringfinger und den kleinen Finger. Es darf immer nur ein Finger angehoben werden.

Wiederhole die Übung 5-mal.

Name: Welle ★

So geht's:

Lege deine Hand auf den Tisch. Spreize die Finger so weit es geht auseinander. Hebe nun zuerst den Daumen, dann den Zeigefinger, Mittelfinger, Ringfinger und den kleinen Finger. Es soll aussehen wie eine Welle. Fange dann von hinten an, also erst den kleinen Finger, dann den Ringfinger, den Mittelfinger, Zeigefinger und dann den Daumen heben.

Wiederhole die Übung 5-mal.

MEIN 10-MINUTEN-MOTORIK-TRAINING
Aufgabenkarten zur Förderung der Motorik – Bestell-Nr. 11 947
KOHL VERLAG

2.2. Weitere Übungen

2.2.1 Übungen für die Füße

Name: Klavier ◉

So geht's:

Setze dich gerade auf einen Stuhl. Hebe den rechten Fuß etwas vom Boden hoch. Drücke mit dem großen Zeh auf den Boden, als ob du eine Klaviertaste anschlagen möchtest. Dann folgen nacheinander alle anderen Zehen. Nach dem kleinen Zeh rollst du den Fußballen ab und es geht wieder mit dem großen Zeh los.

Name: Klavier !

So geht's:

Setze dich gerade auf einen Stuhl. Hebe den rechten Fuß etwas vom Boden hoch. Drücke mit dem großen Zeh auf den Boden, als ob du eine Klaviertaste anschlagen möchtest. Dann folgen nacheinander alle anderen Zehen. Nach dem kleinen Zeh rollst du den Fußballen ab und es geht wieder mit dem großen Zeh los.

Nun gibt es eine Zugabe, aber du startest mit dem kleinen Zeh. Schlage wieder mit jedem Zeh das Klavier an, bis du beim großen Zeh bist.

Name: Klavier ★

So geht's:

Setze dich gerade auf einen Stuhl. Hebe den rechten Fuß etwas vom Boden hoch. Drücke mit dem großen Zeh auf den Boden, als ob du eine Klaviertaste anschlagen möchtest. Dann folgen nacheinander alle anderen Zehen. Nach dem kleinen Zeh rollst du den Fußballen ab und es geht mit dem kleinen Zeh rückwärts wieder zurück, bis du beim großen Zeh bist.

Name: Tänzer ★

So geht's:

Stell dir eine Linie auf dem Boden vor, auf der du nur auf den Zehenspitzen laufen darfst. Halte deine Arme wie ein kleiner Soldat am Körper. Laufe mindestens 8 Schritte auf den Zehen. Bleibe dann stehen und laufe auf den Zehen rückwärts zurück. Kurze Pause und dann wiederholen.

MEIN 10-MINUTEN-MOTORIK-TRAINING
Aufgabenkarten zur Förderung der Motorik – Bestell-Nr. 11 947
KOHL VERLAG

2.2. Weitere Übungen

2.2.1 Übungen für die Füße

Name: Heber ★

So geht's:

Setzt dich gerade auf einen Stuhl. Stell dir vor, du möchtest lauter kleine Dinge, die auf dem Boden liegen, mit deinen beiden Füßen aufheben. Dazu musst du immer wenn du etwas hebst, die Zehen klein zusammendrücken, damit es nicht runterfällt. Hebe es hoch und stell dir einen Eimer neben deinem Stuhl vor, in den du es fallen lässt. Halte dich zur Not am Stuhl fest, damit du nicht runterrutschst.

Name: Winker ⦿

So geht's:

Setz dich gerade auf deinen Stuhl. Stell dir vor, du möchtest mit deinen Füßen deinen Freunden zuwinken. Setze dazu beide Fersen auf die Erde, sodass deine Zehen in der Luft sind. Nun winkst du mit allen Zehen des rechten und linken Fußes.

Name: Winker !

So geht's:

Setz dich gerade auf deinen Stuhl. Stell dir vor, du möchtest mit deinen Füßen deinen Freunden zuwinken. Setze dazu beide Fersen auf die Erde, so dass deine Zehen in der Luft sind. Nun winkst du mit allen Zehen des rechten Fußes. Achtung, die Zehen des linken Fußes dürfen sich nicht bewegen!

Wechsle dann die Seite.

Name: Winker ★

So geht's:

Setz dich gerade auf deinen Stuhl. Stell dir vor, du möchtest mit deinen Füßen deinen Freunden zuwinken. Setze dazu beide Fersen auf die Erde, sodass deine Zehen in der Luft sind. Nun winkst du nur mit allen Zehen des rechten und dann nur mit den Zehen des linken Fußes. Die Zehen des nichtwinkenden Fußes dürfen sich nicht bewegen.

MEIN 10-MINUTEN-MOTORIK-TRAINING
Aufgabenkarten zur Förderung der Motorik – Bestell-Nr. 11 947
KOHL VERLAG

2.2.1 Übungen für die Füße

Name: Hacken !

So geht's:

Stell dir eine Linie auf dem Boden vor, auf der du nur auf den Hacken laufen darfst. Halte deine Arme wie ein kleiner Soldat am Körper. Laufe mindestens 8 Schritte auf den Hacken. Bleibe dann stehen, drehe dich um und laufe auf den Hacken zurück. Kurze Pause und dann wiederholen.

Name: Hacken ★

So geht's:

Stell dir eine Linie auf dem Boden vor, auf der du nur auf den Hacken laufen darfst. Halte deine Arme wie ein kleiner Soldat am Körper. Laufe mindestens 8 Schritte auf den Hacken. Bleibe dann stehen und laufe auf den Hacken rückwärts zurück. Kurze Pause und dann wiederholen.

Name: Maler !

So geht's:

Setze dich gerade auf einen Stuhl. Lege auf den Boden vor dich ein Blatt Papier. Halte mit deinem Fuß einen Buntstift fest, sodass du mit ihm auf dem Papier malen kannst. Male Dreiecke, Kreise, Vierecke...sicher fällt dir noch ganz viel ein. Male gleichzeitig mit deiner Hand genau das gleiche auf ein Papier, das neben dir auf einem Tisch liegt.

Name: Maler ★

So geht's:

Setze dich gerade auf einen Stuhl. Lege auf den Boden vor dich ein Blatt Papier. Halte mit deinen Füßen je einen Buntstift fest, sodass du mit ihnen auf dem Papier malen kannst. Male Dreiecke, Kreise, Vierecke...sicher fällt dir noch ganz viel ein.

Absolute Expertenübung ☺

So geht's:

Schaffst du es sogar, das gleiche Bild gleichzeitig mit der Hand nachzumalen?

MEIN 10-MINUTEN-MOTORIK-TRAINING – Bestell-Nr. 11 947
Aufgabenkarten zur Förderung der Motorik
KOHL VERLAG

2.2. Weitere Übungen

2.2.3 Übungen für die Gesichtsmotorik

Name: Augen ◉

So geht's:

Schließe dein rechtes Auge, das linke Auge bleibt so weit offen wie vorher. Zähle im Kopf bis 5, entspannen. Schließe nun nur das linke Auge und lasse das rechte Auge ganz offen.

Wiederhole diese Übung 8-mal.

Name: Augenbraue ★

So geht's:

Ziehe nur die rechte Augenbraue und die linke Schulter nach oben. Zähle im Kopf bis 8. Dann entspannst du dich. Ziehe danach nur die linke Augenbraue und die rechte Schulter nach oben, bis 8 zählen und entspannen.

Wiederhole diese Übung 8-mal.

3 Anhang

3.1 Expertenkarte

Übung: ______________________________

Solltest du Fragen haben oder einen Helfer benötigen, komm zu mir:

hier trägt das Expertenkind seinen Namen ein

3.1.1 Übung des Tages

hier trägt die Lehrperson die entsprechende Übung ein

3.1.2 Übung der Woche

hier trägt die Lehrperson die entsprechende Übung ein

3.1.3 Ratgeberkarte

Ich brauche Unterstützung bei der

Übung ______________________________

MEIN 10-MINUTEN-MOTORIK-TRAINING
Aufgabenkarten zur Förderung der Motorik – Bestell-Nr. 11 947
KOHL VERLAG

3.2 Feen / Schleifen

zum Ausdrucken für die Kinder als Anerkennung für ihren Einsatz

KOHL VERLAG MEIN 10-MINUTEN-MOTORIK-TRAINING Aufgabenkarten zur Förderung der Motorik – Bestell-Nr. 11 947

3.3 Finja

MEIN 10-MINUTEN-MOTORIK-TRAINING
Aufgabenkarten zur Förderung der Motorik – Bestell-Nr. 11 947
KOHL VERLAG

3.4 Grinni

3.5 Finjas Freunde

3.6 Finjas Mutter

3.7 Rummelplatz

3.8 Elfenwald

KOHL VERLAG MEIN 10-MINUTEN-MOTORIK-TRAINING Aufgabenkarten zur Förderung der Motorik – Bestell-Nr. 11 947